DORIS IDING

ERLEUCHTET IN DREI ATEMZÜGEN

Mit Achtsamkeit und Meditation im Jetzt ankommen

IRISIANA

Erleuchtung ist nur auf diesem einen Weg möglich –
aus dem Innern.

DER ZWÖLFTE TAI SITU RINPOCHE

INHALT

TEIL 2:

DAS TRANS-PERSONALE BEWUSSTSEIN 109

Schon bald umwölkt sich
das klare Auge des Kindes
mit Ideen und Meinungen, Vorstellungen und Abstraktionen.
Einfaches freies »Sein« verkrustet
unter der Last der Rüstung des Egos.
Erst Jahre später meldet sich ein Instinkt,
dass ein vitales Gefühl für das Geheimnisvolle entzogen ist.
Die Sonne blinzelt durch die Bäume
und das Herz wird durchdrungen
von Schönheit und seltsamem Schmerz,
gleich einer Erinnerung an das Paradies.
Von diesem Tag an
werden wir Suchende.

PETER MATTHIESSEN IN:
AM FLUSS DES NEUNKÖPFIGEN DRACHEN

VORWORT: MOMENTE DES ERWACHENS

O Wohlgeborener, von edler Herkunft,
erinnert Euch Eurer strahlenden wahren Natur,
der Essenz des Geistes.
Vertraut ihr. Kehrt zu ihr zurück.
Sie ist Eure Heimat.

TIBETISCHES TOTENBUCH

Kennen Sie diese Erfahrung? Sie stehen am Strand, schauen in die untergehende Sonne und ein Gefühl der tiefen Glückseligkeit durchströmt Sie. Sie erkennen, dass alles gut ist, so wie es ist. Oder Sie sitzen in der Meditation oder befinden sich in einer Yogaposition und plötzlich sind Sie erfüllt von einer tiefen inneren Stille. Im Außen ist nichts passiert und trotzdem hat sich in Ihnen etwas geöffnet, hin in eine andere Dimension. Ein tiefes Gefühl von Dankbarkeit und Demut überkommt Sie und Sie erkennen plötzlich den tieferen Sinn Ihres Daseins. Oder Sie schauen einem Fremden in die Augen und sehen, dass Sie auf einer tiefen Ebene miteinander verbunden sind, und möglicherweise erkennen Sie sogar, dass Sie eins sind. Solche Momente »erleuchten« unser Bewusstsein und lassen das Herz strahlen. Sie machen uns deutlich, dass es noch mehr gibt als unser ICH, das sich permanent getrennt fühlt, Sehnsucht nach einem DU hat oder andauernd irgendetwas im Außen braucht, um sich ganz oder glücklich zu fühlen.

Tatsächlich braucht es manchmal nicht mehr als drei Atemzüge, um über dieses ICH hinauszugelangen, um einen kurzen – oder längeren – Wechsel der Perspektive vorzunehmen, um in den gegenwärtigen Moment katapultiert zu werden. Dort löst sich das lineare Zeit-Raum-Erleben auf. Durch drei achtsame Atemzüge. Dort erleben Sie, dass Sie von Ihrem Herzen und Ihrem Sein, dem reinen Gewahrsein, nicht getrennt sind. Drei tiefe Atemzüge. Drei beseelte Atemzüge. Drei absichtslose Atemzüge. Danach wird sich Ihr ICH wieder in den Vordergrund Ihrer Wahrnehmung drängen. Dieses ICH, welches uns so gerne das Gefühl vermittelt, dass nur real ist, was wir mit dem Verstand und über die Sinne wahrnehmen. Mit all seinen Vorstellungen, Meinungen und Konzepten überdeckt dieses ICH unser transpersonales Bewusstsein. Damit gemeint ist ein Bewusstsein, das über das persönliche Erleben hinausgeht und das WIR und alles, was für das Auge nicht sichtbar ist, einschließt, und unser reines Gewahrsein, jener Bewusstseinsbereich, der auch als nonduales Bewusstsein beschrieben wird. Hier gibt es kein ICH und kein DU mehr.

Um Ihnen zu verdeutlichen, was das transpersonale Bewusstsein und das reine Gewahrsein sind, möchte ich Ihnen Einsichten und Erfahrungen großer spiritueller Lehrer vorstellen und zudem mit Ihnen meine und die Erfahrungen von Teilnehmern meiner Kurse teilen. Sie finden in diesem

Buch Gedichte, Zitate, Verse und Einsichten über etwas, das nicht mit dem Verstand zu begreifen und daher schwer in Worte zu fassen ist. Menschen berichten hier von Erlebnissen, die deutlich machen, dass es etwas gibt, was viel größer, tiefer, umfassender und verbindender ist als das, was wir mit den Sinnen erfahren und mit dem Verstand erfassen können. (Namen, Alter und Herkunft der Menschen, die nicht genannt werden wollten, habe ich geändert.) Ich habe zusätzlich Übungen zusammengetragen, die Sie den Bewusstseinsebenen, auf denen ein tieferes Erwachen stattfindet, näherbringen können. Dennoch sollten Sie sich im Klaren sein: Diese Erfahrungen bleiben eine Gnade – wir können für sie den Nährboden bereiten, aber ob der Samen aufgeht, können wir nicht erzwingen.

Möglicherweise tun Sie sich mit dem Begriff »Erleuchtung« schwer. Das kann ich sehr gut nachvollziehen, weil dieses Wort verwirrend sein kann und manchmal negativ besetzt ist. Im allgemeinen Sprachgebrauch bezeichnet das Wort »Erleuchtung« eine plötzliche Erkenntnis oder Eingebung, einen Gedankenblitz oder einen Einfall. Ein solch blitzartiges Erkennen im spirituellen Sinne kann das sich unermüdlich drehende Gedankenkarussell zum Stehen bringen und einen Perspektivenwechsel einläuten. Bildlich gesprochen befinden wir uns im Zustand des Alltagsbewusstseins in einem dunklen Raum und erhellen mithilfe einer Taschenlampe nur einen sehr kleinen Ausschnitt des gesamten Raumes. Im Moment der Erleuchtung ist es so, als hätten wir zufällig den Lichtschalter des Raumes betätigt: Für einen

Augenblick, für Minuten, Stunden, Tage, Wochen oder noch länger erkennen wir den ganzen Raum, bevor das Licht wieder erlischt. Bei manchen Menschen bleibt das Licht hingegen für immer an. Allerdings bleibt die Erinnerung an diese Erfahrung, auch wenn sie nicht andauert, klar und deutlich in unserem Bewusstsein zurück und hebt sich deutlich ab von anderen Erfahrungen, die wir im Verlaufe unseres Lebens machen. In diesem Buch können Sie lernen, den Schalter gezielt zu finden. Ob das Licht angeht oder wie lange es anbleibt, ist Gnade. Erwachen auf einer tiefen Ebene ist und bleibt Gnade.

Im Verlauf dieses Buches werde ich zwischen den Begriffen »Erwachen«, »Erleuchtung«, »Befreiung« und »Gewahrsein entwickeln«, »reines Gewahrsein erfahren« wechseln. Ich finde den Begriff »Erwachen« am alltagstauglichsten, weil solche Momente, in denen wir eine erweiterte Sicht auf uns selbst und das Leben haben, uns aufwecken und eine Öffnung zum reinen Gewahrsein ermöglichen. Bewusste Momente solch eines Erwachens können sich für mich bereits darin äußern, dass wir aus unserem ferngesteuerten Leben aussteigen, den »Autopiloten« ausschalten, uns unseres Selbst, unserer Gedanken, Gefühle und Körperempfindungen immer bewusster werden und uns immer weniger damit identifizieren. Drei achtsam ausgeführte Atemzüge können uns unterstützen, uns Schritt für Schritt aus unbewussten Verhaltensmustern, Gewohnheiten, Verstrickungen und veralteten Vorstellungen zu befreien. So können uns drei achtsame Atemzüge plötzlich bewusst werden lassen, dass es sich nicht lohnt, sich mit dem Partner über die offene Zahnpastatube zu streiten, die Schwiegermutter auch nur ein Mensch ist, es nicht immer die Malediven sein müssen oder wir nicht wirklich ein zwanzigstes Paar Schuhe brauchen. Das mag zwar etwas trivial klingen, aber wenn sich viele solcher kleinen Erkenntnisse aneinanderreihen, wird das Leben leichter und der innere Frieden tiefer. Natürlich gibt es auch tiefe und alles umwälzende Erkenntnisse wie die Einsicht, dass es so etwas wie ein ICH gar nicht gibt oder dass es keinen Tod gibt, sich alles ständig wandelt und das ganze Universum in einem einzigen Regentropfen vorhanden ist.

Jack Kornfield verwendet in seinem Buch *Das weise Herz* statt Erleuchtung den Begriff »inneren Frieden«. Diese Beschreibung finde ich auch sehr schön und werde sie deshalb auch hie und da übernehmen. »Innerer Frieden« klingt auch für mich persönlich greifbarer als »die Buddhanatur zu erlangen« und ermutigt mich, Schritt für Schritt weiterzugehen und die Erfahrungen, egal wie klein oder groß sie waren, in meinen Alltag zu integrieren.

Unendlich viele Erkenntnisse warten auf dem Weg des Erwachens: Wir erfahren vielleicht mit jeder Zelle unseres Körpers, dass alles miteinander verbunden ist und wir uns mit jedem unheilvollen Gedanken selbst Schaden zufügen. Oder wir erkennen, dass die Freiheit unseres Geistes immer besteht und dass es an uns selbst liegt, ob wir diese Freiheit wählen oder die Sklaven unserer destruktiven oder Angst machenden Gedanken bleiben. Wir erfahren möglicherweise, dass wir mit unseren Gedanken unsere Welt erschaffen und die Schöpfer unseres eigenen Universums sind. Solche Geistesblitze können dazu führen, dass wir einen Streit beilegen und so Ruhe und Wertschätzung in eine Beziehung einkehren. Oder dass wir uns aus der Umklammerung der Gier befreien und stattdessen erkennen, dass weniger viel mehr sein kann, weil nichts ewig währt und es sich nicht lohnt, ständig materiellem Wachstum hinterherzulaufen.

Sie sehen, dass für mich Erleuchtung nicht bedeutet, dass Sie wie Jesus übers Wasser gehen oder zum abgehobenen Esoteriker mutieren müssen. Ganz im Gegenteil: Je mehr wir erwachen, desto weiter wird unser Horizont und desto offener wird unser Herz und desto demütiger und bescheidener werden wir. Anders ausgedrückt: Wir werden geerdeter und menschlicher zugleich. Wir werden demütiger und wissen, dass wir eigentlich nichts wissen. Die spirituelle Praxis, die auf dem Weg zum Erwachen unabdingbar ist, sollte uns deshalb nicht als ein Mittel zur Flucht vor dem eigenen Leben dienen, unseren Narzissmus füttern oder uns dabei helfen, vor Schwierigkeiten im Berufsleben oder in Beziehungen zu flüchten. Sie sollte uns darin unterstützen, unsere Sicht auf uns selbst und das Leben vom dualistisch denkenden Verstand zum holistisch fühlenden Herzen, also dem transzendierten Sein, zu verlagern, um im Sinne des Zen-Meisters und Benediktinermönchs Willigis Jäger »ganz Mensch« zu werden. Durch diesen Perspektivenwechsel eröffnet sich eine neue Sicht auf das Leben. Vielleicht begreifen wir, dass wir nicht dieses begrenzte, ängstliche oder zweifelnde Wesen sind, oder möglicherweise erkennen wir die uns angeborene Würde und innere Schönheit. Mich hat der Weg zum Erwachen offener, achtsamer dem Leben gegenüber und gleichzeitig aber auch berührbarer werden lassen. Und das finde ich wunderschön.

Eines ist mir in all den Jahren bewusst geworden: Wir sollten darauf achten, dass unser spiritueller Weg mit unserem Herzen verbunden bleibt und nicht dazu führt, dass wir uns besser, weiter und erhabener, erleuchteter oder auserwählter gegenüber allen anderen fühlen. Jack Kornfield hat es in meinen Augen sehr schön ausgedrückt: Er empfiehlt, sich immer wieder zu fragen, ob der Weg, den wir gehen, ein Herz hat. »Wenn ja«, so sagt er, »dann ist es ein guter Weg. Wenn nicht, ist er nutzlos.«

Vielleicht sind es kleine Momente des Erwachens, die Sie durch dieses Buch erfahren werden. Vielleicht sind es aber auch Augenblicke, die Ihnen tiefere Einblicke in die Zusammenhänge Ihres Daseins schenken. Seien Sie offen und erwarten Sie nichts! Das ist die beste Herangehensweise an das Erwachen. Das klingt möglicherweise widersprüchlich, aber der Prozess des Erwachens ist ein einziges Paradox. Bleiben Sie nicht hängen an diesen Widersprüchen, sondern nehmen Sie drei Atemzüge in Achtsamkeit und lassen Sie alle Bewertungen und Urteile los.

Der Weg ist das Ziel

Das erste Mal spürte ich den Wunsch nach Erleuchtung mit 15 Jahren, als ich *Siddhartha* von Hermann Hesse las. Etwas in mir wurde zutiefst berührt und wollte diesen Weg des Erwachens gehen. Ich war so fasziniert von der Idee des Erwachens, dass ich vergleichende Religionswissenschaften studierte und auch persönlich versuchte, der Erleuchtung näher zu kommen. Dabei ließ ich jedoch all die tiefen Verletzungen außer Acht, die mir in den ersten Lebensjahren widerfahren waren. Mit Mitte 40 entwickelte ich eine sehr ausgeprägte Angsterkrankung und musste eine Therapie beginnen. Ich fand die Wurzeln meiner Ängste und konnte mich befreien, aber es war ein langer Weg, der mich mit vielen abgespaltenen Gefühlen konfrontierte. Ein Satz von Nisargadatta Maharaj, einem indischen Erwachten, prägt mich bis heute: »Die Liebe sagt: ›Ich bin alles.‹ Die Weisheit sagt: ›Ich bin nichts.‹ Zwischen diesen beiden fließt mein Leben.«

Von diesem Zeitpunkt an begann ich mich noch einmal ganz neu mit Achtsamkeit, Buddhismus und all den Praktiken zu beschäftigen, die dort angeboten wurden. In diesem Prozess erkannte ich, dass der Weg das Ziel ist und all die wundervollen Methoden, Gedanken, Gefühle und Körperempfindungen wahrzunehmen das Erwachen selbst. Auch wenn ich all diese Weisheiten bis dahin tausendmal gehört hatte, so waren sie bis zu diesem Zeitpunkt irgendwie immer abstrakt als Idee in meinem Kopf. Während dieser Zeit verstand ich zum ersten Mal den Satz »Man muss die Wahrheit tausendmal hören, bevor sie Wirklichkeit wird«.

Inzwischen gelingt es mir, mich mit drei Atemzügen daran zu erinnern, dass meine wahre Essenz unverletzlich und unsterblich ist. Mal braucht es wieder viele Stunden, Wochen oder Monate, bis eine weitere Verletzung entdeckt, angenommen und geheilt ist. Dieses Paradox anzunehmen und damit durchs Leben zu gehen, Schritt für Schritt, Atemzug für Atemzug, ist ein wunderschönes, manchmal sehr anstrengendes und verwirrendes, aber auch ein sehr erleichterndes Unterfangen. Zu erkennen, dass es viel zu heilen gibt und gleichzeitig alles heil ist, ist für mich immer wieder das größte Mysterium auf meinem Weg zum Erwachen.

Ich würde mich freuen, wenn Sie neugierig und offen bleiben für die Gedanken, die ich mit Ihnen teilen möchte. Machen Sie sich aber bitte gleichzeitig bewusst, dass es nicht nur einen Weg gibt, obwohl das Ziel das Gleiche ist. Jeder von uns ist einzigartig. Aber die Quelle, aus der wir entstanden sind und aus der wir schöpfen, ist die gleiche. Dieses Buch kann ein Wegweiser oder eine Laterne auf Ihrem Weg zu dieser Quelle sein.

Viel Freude beim Erwachen wünscht Ihnen

Doris Iding

EINFÜHRUNG: ERLEUCHTUNG IST DAS LEUCHTEN DES HERZENS

Da draußen,
jenseits der Vorstellungen
von falsch und richtig,
gibt es eine Welt.
Dort treffe ich Dich.
Wenn sich die Seele dort
im Gras niederlässt,
ist die Welt zu erfüllt,
um über sie zu sprechen.

RUMI

ÖSTLICHE WEISHEIT EROBERT
DEN WESTEN

Immer wieder zogen sich Menschen in die Abgeschiedenheit eines Klosters, der Wüste oder der Berge zurück, um tiefe spirituelle Erfahrungen zu machen. Sie erhofften sich einen unauslöschbaren inneren Frieden, sei es als Buddhist, Sadhu, Mystiker oder als Nonne. Statt ein weltliches Leben mit Beruf und Familie zu führen, zogen die meisten Suchenden es vor, sich von allen äußeren Ablenkungen zu befreien, um sich ungestört für die Begegnung mit dem zu öffnen, was größer ist als sie selbst. Sie wünschten sich eine Erfahrung von etwas, das sie vom Anhaften an Äußerlichkeiten befreit und ihnen in einem umfassenden Sinne Heilung schenkt.

Ende der Sechzigerjahre des letzten Jahrhunderts zog es vermehrt junge Menschen aus den Industrienationen, die sich für Spiritualität interessierten, nach Indien, um dort hinduistischen Gurus oder buddhistischen Lamas zu begegnen, die als erleuchtet galten. Unter deren Anleitung wollten sie das reine Gewahrsein erfahren. Sie wünschten sich Stille im Herzen und insbesondere im Kopf, der unablässig Gedanken produziert, so laut, dass es zwischen den Ohren dröhnt wie auf einer achtspurigen Autobahn während der Rushhour. Inspiriert durch ihre inneren Einsichten und das Wissen, dass die Meditation uns allen guttäte, brachten diese Suchenden spirituelle Lehrer aus dem Osten in den Westen, um Menschen den Weg zum Erwachen zu zeigen. Zuerst gab es Annäherungsschwierigkeiten, denn Menschen in Asien sind völlig anders sozialisiert und haben mit anderen Problemen zu kämpfen als Menschen im Westen. Sie haben ein anderes Selbstverständnis, insbesondere ist ihnen der ausgeprägte Individualismus, wie er im Westen gelebt wird, (noch) fremd. Erst in den letzten Jahren wächst das Verständnis füreinander. Aber vor gut 50 bis 60 Jahren war die Kluft zwischen dem Bewusstsein der Menschen im Westen und dem im Osten noch groß. Selbst ein erwachter Mensch wie der 14. Dalai Lama erlebte diese Kluft. Als er, nach seiner Flucht aus Tibet, bei einer Psychologenkonferenz eingeladen war, kam das Thema des geringen Selbstwertgefühls zur Sprache. Der Übersetzer hatte große Mühe, dem Dalai Lama zu erklären, was damit gemeint sei. Seine Heiligkeit staunte; ihm war es vollkommen fremd, dass sich ein Mensch überhaupt minderwertig fühlen kann.

In den letzten zehn Jahren hat sich aber auch die Art und Weise, wie buddhistische Lamas und Mönche ihre Lehre im Westen vermitteln, sehr verändert. Früher erläuterten sie Texte wie das buddhistische Herzsutra, eine der zentralen Schriften aus dem Mahayana-Buddhismus. Allerdings stellten sich solche Inhalte für viele Westler als zu abstrakt heraus, sodass ihre Lehrvorträge sich mittlerweile nicht mehr auf solch komplexe Schriften beziehen. Im Fokus steht heute vielmehr die Anwendbarkeit der inneren Erfahrungen auf unser tägliches Leben mit seinen Aufgaben und Pflichten, die auch nach einer Erleuchtungserfahrung noch da sind. Buddhistische Lehrer wie Jack Kornfield, Sylvia

Wetzel, Sharon Salzberg und Pema Chödrön haben hier Pionierarbeit geleistet. Sie sind stetig bemüht, den Buddhismus für Menschen aus dem Westen verständlich zu machen, damit er uns unterstützt, einen erleuchteten Alltag zu führen. Auch Persönlichkeiten wie Yongey Mingyur Rinpoche, Ajahn Brahm, Deepak Chopra oder Thich Nhat Hanh haben mit ihren Büchern dazu beigetragen, dass sich immer mehr Menschen für die Weisheit des Buddhismus interessieren.

Während in der westlichen klinischen Psychologie das Augenmerk immer noch stark auf das innere Leid gerichtet ist, schaut man im Buddhismus – und auch im Yoga oder anderen östlichen spirituellen Traditionen – eher auf das in uns, was heil ist. Dieses Heilsein als Grundlage zu nehmen, kann uns besonders in solchen Zeiten stärken, in denen um uns herum alles zusammenzubrechen scheint. Gehen wir davon aus, dass es etwas Grundlegendes und Unzerstörbares in uns gibt, das heil ist, kann Erwachen geschehen.

Seit einigen Jahren findet noch ein weiterer Wandel statt, angestoßen durch den bereits erwähnten 14. Dalai Lama: Er bezeichnet den Buddhismus nicht mehr länger als Religion, sondern als eine Wissenschaft des Geistes, in der es darum geht, den eigenen Geist zu erforschen und zu erkennen, dass unsere tiefste Essenz ebendieses reine Gewahrsein ist, welches im Buddhismus als Buddhanatur bezeichnet wird. Neben dieser Erforschung steht die Kultivierung von Mitgefühl, Weisheit, Toleranz und Achtsamkeit im Alltag im Vordergrund.

DER WUNSCH NACH BEFREIUNG

Eines ist allen spirituellen Traditionen gemeinsam: Sie verweisen darauf, dass der Weg des Erwachens ein innerer und lebenslanger Pfad ist. Es ist ein Weg der Achtsamkeit, der Hingabe, der Demut, der Geduld und des Mitgefühls. Es ist ein Weg, der uns hilft, intelligente Möglichkeiten zu finden, mit einem offenen Herzen und einem ruhigen Geist persönlichen Herausforderungen wie Stress, Ängsten und Konflikten, aber auch gesellschaftlichen Problemen wie der Klimakatastrophe oder der Spaltung in der Gesellschaft zu begegnen. Wenn wir diesen Weg ernsthaft gehen wollen, ist es ein Weg der inneren Verpflichtung. Konkret bedeutet es, eine regelmäßige, spirituelle Praxis wie die Meditation zu üben. Es ist ein Weg, der darauf zielt, dass wir nicht weiter vor dem Leben und seinen Lektionen weglaufen, sondern weise Möglichkeiten finden, damit umzugehen. Es ist auch ein Weg, der uns nach und nach unabhängiger von äußeren Einflüssen werden lässt und so inneren Frieden bietet. Dieser Frieden bleibt auch dann erhalten, wenn wir in schwierige Situationen geraten, eine Arbeitsstelle verlieren, eine Trennung durchleben oder unheilbar krank werden.

Einen solchen Weg wollen immer mehr Menschen gehen. Ausgebuchte Meditationsretreats, aber auch die enorme Zahl an Yogapraktizierenden, das wachsende Angebot an Achtsamkeitskursen und der steigende Absatz von Büchern zum Thema Spiritualität zeigen, dass Menschen sich nach mehr Freude, innerem Frieden und einem tieferen Sinn im

Leben sehnen, der das »Höher-besser-Weiter« der Marktwirtschaft hinter sich lässt. All diese Menschen, die sich aufgemacht haben, sehnen sich danach, mit etwas in Verbindung zu treten, das größer ist als das ICH. Unter diesem ICH verstehe ich das Konglomerat an biografischen Elementen wie Herkunft, geschlechtlicher Zuschreibung, Sozialisation, Erziehung und Bildung sowie den persönlichen Charakter. Wie dieses Größere aussehen kann, beschreibt die folgende Erfahrung eines Teilnehmers in einem meiner Meditationskurse auf eindrückliche Art.

Sucht loslassen

Frank hatte ein massives Alkoholproblem, kam aber zuverlässig und regelmäßig zur Meditation. An einem Abend leitete ich eine Meditation der Stille an. Frank schaute mich nach der Meditation sehr berührt an, wollte aber nichts dazu sagen. Eine Woche später rief er mich an und erzählte, dass er in dieser Meditation mit einem Ort in sich in Kontakt gekommen sei, der vollkommen rein, klar und still war. In diesem Moment wusste er, dass er Verbindung mit etwas in sich aufgenommen hatte, das weitaus größer war als sein Ich: Er hatte seine heile und unsterbliche Essenz erfahren. Er wusste plötzlich, dass alles, was ist, sein darf, auch seine Sucht, all die inneren Schmerzen und seelischen Verletzungen, die er mit dem Alkohol betäuben wollte. Im Kontakt mit dieser Essenz erkannte er, dass er die Stärke hatte, sich sein Leid anzusehen. Er meldete sich am Tag nach der Meditation bei einer Einrichtung an und machte einen erfolgreichen Alkoholentzug.

Auf dem Weg des Erwachens lernen wir ein Glück kennen, das nicht mehr abhängig ist von Klicks und Likes. Je mehr wir uns auf diesen Weg einlassen, desto intimer und persönlicher wird er sich gestalten. Einfacher wird dieser Weg dadurch nicht unbedingt, weil er uns eine achtsame, oft unbequeme und bewusste innere Wandlung abverlangt. Es ist eben nicht immer leicht, das anzuschauen, was uns im Laufe unseres Lebens zutiefst verletzt, beschämt, enttäuscht und verunsichert hat. Wir müssen uns nicht nur einmal, sondern immer wieder unter die Lupe nehmen und erforschen, was unser Herz verschlossen hat und wie es sich wieder öffnen kann. Früher oder später können wir so, wie Frank, auf diesem Weg unserem reinen Gewahrsein begegnen. Jenem Teil – jener unverletzlichen und unsterblichen Essenz –, der frei ist von den biografischen Zuschreibungen. Wenn dies geschieht, wird es heller in uns und die alten Verletzungen werden tiefe Heilung und Transformation erfahren.

Aber wo und wie auch immer wir diese Erfahrungen machen, danach brauchen wir Zeit für ihre Integration. Das ist Arbeit. Deshalb gibt es für mich keinen spirituellen Weg zum Erwachen ohne Hingabe, Achtsamkeit, Einsatz und innere Verpflichtung, und auch keinen Unterschied mehr zwischen weltlichen und spirituellen Problemen. Denn all unsere Ängste, finanziellen Probleme, Traumata, Krankheiten, familiären Streitigkeiten und schwierigen Entscheidungen werden sich durch eine Erleuchtungserfahrung nicht in Luft auflösen. Sie werden uns eher noch deutlicher, wie unter einem Brennglas. Durch die Öffnung des Herzens hält die Erfahrung gleichzeitig aber ungeahnte Lösungsmöglichkeiten bereit.

Um diesen Weg vollständig und mit ganzem Herzen zu gehen, braucht es viel Mut, Vertrauen, Hingabe, Kraft und Ausdauer und Entschlossenheit. Mut und Vertrauen sind wichtig, weil wir möglicherweise mit unserer Einsamkeit und Unzulänglichkeit konfrontiert werden. Hingabe ist nötig, weil alle Aspekte des Lebens in unsere spirituelle Praxis einbezogen werden wollen. Kraft ist unerlässlich, weil wir neben der formellen Meditationspraxis oder spirituellen Praxis auch eine sogenannte informelle Achtsamkeitspraxis im täglichen Leben üben sollten. Die informelle Praxis besteht in der achtsamen Annahme unserer Licht- und Schattenseiten, unseres Körpers, intimen Beziehungen, unserer Familie und Freunde, der Gesellschaft, Politik, Nachhaltigkeit, Kunst, Erziehung und Bildung und natürlich auch unserer Arbeit. Ausdauer brauchen wir, wenn es darum geht, die Meditationspraxis in den Alltag zu integrieren, weil sie nur dann Früchte trägt. Entschlossenheit benötigen wir, um uns immer wieder aus dem Alltagsgeschehen herauszuziehen, um eine Auszeit in der Stille zu nehmen, ein Yogaseminar oder Meditationsretreat zu machen, die eine Türe zu einer solchen Erfahrung sein können. Aber auch nach Retreats und Auszeiten sind Phasen der Integration wichtig. Spirituelle Praktiken können zwar den Geist transformieren, aber wenn sie nicht regelmäßig geübt und die Erkenntnisse nicht in den Alltag hineingenommen werden, sind sie wertlos.

Eine Erleuchtungserfahrung bedeutet also noch nicht das Ende des Weges und sie macht auch keinen Buddha. Sie ist der Anfang, weil die Integration solcher Erfahrungen in den Alltag die wahre Arbeit darstellt. Gehen wir diese Arbeit nicht an, sind wir enttäuscht, weil die Erfahrung nicht alle Probleme des Körpers, des Herzens und des ICH einfach auslöscht. Ich habe immer wieder erlebt, dass Menschen, die die Integrationsarbeit nicht geleistet haben, den Fehler in der Methode oder beim Lehrer gesucht haben. Sie hatten zwar tiefe Einsichten, übersehen aber, dass sie diese ins Leben bringen müssen. Ändern sie nicht ihr Verhaltens- oder Denkmuster, wird sich ihr Leben nicht ändern. Stattdessen probieren sie die nächste spirituelle Technik aus – in der Hoffnung, dass diese wie von Zauberhand alle Probleme beseitigt.

NACH HAUSE KOMMEN

Geh nicht in den dichten Dschungel,
um den großen erwachten Elefanten zu suchen,
denn der liegt schon ruhig
bei dir zu Hause vor deinem Herd.

»Frei und leicht«.
Ein spontaner Vajragesang«
von Lama Gendün Rinpoche

Es braucht Offenheit und Neugierde, um die Lücken im Netz der eigenen Wahrnehmung zu erkennen und um sich für etwas zu öffnen, was größer und umfassender ist als unser ICH. Wenn wir diesen Perspektivenwechsel wagen, entsteht ein Gefühl von Freiheit und Selbstwirksamkeit. Je mehr Mut wir aufbringen, uns Gefühlen wie Gier, Wertlosigkeit, Wut, Angst, Trauer und unserem Hochmut anderen Menschen und der Erde gegenüber zu stellen, desto eher werden wir auch den Mut finden, uns für das innere Licht, für die Verbundenheit mit feinstofflichen Wesen, die Göttlichkeit und das reine Gewahrsein zu öffnen.

Wir werden uns unseres umfassenden Selbst mehr und mehr gewahr. Kleine »Erleuchtungsfunken« sind besondere Geschenke in diesem Prozess. Sie helfen uns, uns selbst, andere Menschen und das Leben für einen Moment oder eine kurze Zeit so zu sehen, wie sie sind. Es sind Augenblicke, in denen wir erkennen, dass wir Gedanken, Gefühle und Körperempfindungen haben, aber nicht diese Gedanken, Gefühle und Körperempfindungen sind. Es sind Augenblicke, in denen uns bewusst wird, dass alles miteinander verbunden ist *oder* dass alles sich ständig verändert *oder* dass es viel mehr gibt als unser ICH. Etwas, das frei ist von Raum, Zeit, Konzepten und Vorstellungen. Eine solche Erfahrung kann so aussehen:

Grenzen lösen sich auf

Ich befand mich während meiner ersten mehrmonatigen Indienreise auf einer der berühmten Backwater-Touren durch die Palmenwälder im südindischen Kerala. Ich saß auf einem Frachtboot, das uns seit den frühen Morgenstunden durch malerische Wasserstraßen fuhr. Es legte an jeder Ortschaft inmitten der scheinbar unberührten Natur an. Wir sahen am Ufer spielende Kinder, die Kokosnussschalen in Spielzeug verwandelt hatten und tief in ihre eigene Welt eingetaucht waren. Die würdevoll anmutenden Menschen, die trotz offensichtlicher Armut Stolz in den Augen trugen und eine unglaubliche Präsenz ausstrahlten, faszinierten mich. Der Duft von Kokosöl, den der Wind zu uns aufs Boot trug, verzauberte mich ebenso wie das Rauschen der Palmen und die Vögel, die in bunten Federkleidern durch die Bäume flogen und hier und dort wieder auftauchten. Vom Deck des Bootes aus schaute ich in die untergehende Sonne, die langsam in die vorbeiziehenden Reisfelder eintauchte, und war hingerissen von dem Farbenspiel, das mir der Horizont bot.

Plötzlich, von einem Moment auf den anderen, erlebte ich etwas, was eigentlich nicht in Worte zu fassen ist: Ich war mit allen Dingen, allen Wesen auf diesem Planeten und im Universum eins. Es schien, als würde sich die Begrenzung meines Kopfes auflösen, sich mein Bewusstsein über den ganzen Globus erstrecken und mit jedem Baum, Wassertropfen, Vogel und Felsen und mit jedem Menschen verschmelzen. Es gab kein ICH mehr und auch kein DU. Das Gestern schien im Heute und im Morgen verschmolzen zu sein. Alles, was auch nur den Anschein einer Trennung gehabt hatte, hatte sich aufgelöst und war zu einer Einheit geworden. Plötzlich wusste ich so vieles, aber ich verstand es nicht. Ich wusste es einfach. So, als wäre mir das Wissen aller heiligen Schriften von einem Moment auf den anderen zuteilgeworden. Ich weiß nicht, ob es nach Sekunden, Minuten oder Stunden war, aber irgendwann setzte sich ein Mann neben mich und sagte: »Mensch, du bist aber ganz schön drauf!« In dem Moment war es, als würde ich aus drei Meter Höhe auf den Boden des Bootes knallen.

In meinen Kursen, Ausbildungen und Fortbildungen habe ich viele Menschen getroffen, die ähnliche oder noch weitaus tiefere Erfahrungen des eigenen reinen Gewahrseins gemacht haben, ohne sich dessen bewusst zu sein. In einem solchen Moment kommen wir mit unserer wahren Natur in Kontakt, in der es keine Dualität gibt, sondern nur Vollkommenheit in jeglicher Erscheinungsform des Seins. Es sind Erfahrungen, die mit Gefühlen des Nach-Hause-Kommens einhergehen.

Wer eine solche Erfahrung gemacht hat, sehnt sich buchstäblich danach zurück und möchte dauerhaft aus dieser Ebene des Bewusstseins heraus leben. Denn diese Ebene, auf die die meisten zunächst unabsichtlich vorgestoßen sind, verdeutlicht uns, dass wir weitaus mehr sind als unsere Biografie. Wir sind *auch* reines Bewusstsein – Licht, Schwingung, Gewahrsein. Dieses reine Bewusstsein oder reine Gewahrsein ist die Basis von allem in uns, unser Urgrund. Wir alle tragen einen unverletzlichen, unsterblichen Kern in uns. Jeder – Sie, ich, wir alle. Das Erstaunliche daran: Wir müssen dafür nicht besonders gut, dehnbar, schön, erfolgreich oder intelligent sein. Der Meditationslehrer Loch Kelly hat es ganz unspektakulär in seinem Buch *Reise ins Erwachen* formuliert: »Gewahrsein ist das Fundament, um ein menschliches Leben zu führen.«

Allerdings ist die Vorstellung, dass wir etwas Vollkommenes, Licht oder reines Bewusstsein sind, für die meisten Menschen zu einfach, zu esoterisch, zu abgehoben oder zu unrealistisch. Oder wir glauben, wie meine Teilnehmerin Maria, eine solche Erfahrung nicht zu verdienen.

Licht

Vor ein paar Jahren leitete ich ein Retreat mit erfahrenen Meditierenden. Nach einigen Tagen nahm ich mitten in einer Meditation über mein inneres Auge bei der Teilnehmerin Maria ein wunderschönes strahlendes inneres Licht wahr. Maria kam nach der Meditation an mir vorbei und ich sprach sie an: »Maria, du hast so ein wunderschönes inneres Licht, das während der Meditation gestrahlt hat.« Sie sah mich etwas erstaunt an, wurde verlegen und errötete. »Findest du?«, fragte sie mich. »Aber ja!«, antwortete ich und lächelte sie an. »Das erlebe ich immer wieder bei Meditationen«, sagte sie weiter. »Ja, das denke ich mir«, antwortete ich und merkte gleichzeitig, dass es ihr unangenehm war, über dieses Thema zu sprechen. Ich nahm sie in den Arm und sagte: »Es ist dein Licht. Es wohnt dir inne. Und es ist so wunderschön.« Maria traten Tränen in die Augen und sie sagte: »Aber ich habe immer das Gefühl, dass ich so etwas Schönes gar nicht verdient habe.«

Anstatt das innere Licht als Ausdruck unseres tiefsten Wesens anzuerkennen, konzentrieren wir uns lieber auf die Inhalte unseres Denkens, Fühlens und Wahrnehmens. Haben wir nicht sehr viel Selbstbewusstsein, fokussieren wir uns in erster Linie auf unsere Fehlbarkeit. Wir orientieren uns an Idealen: Buddha oder Yogananada, Amma, Heiligen und Mystikerinnen. Wir richten uns nach Weisheitsgeschichten aus den letzten Jahrhunderten, in denen Zen-Meister, Sadhus, Gurus oder Meister uns glauben lassen, dass man sich Erfahrungen des reinen Gewahrseins hart erarbeiten müsse oder sie nur für eine kleine, erlesene Gruppe bestimmt seien. So laufen wir spirituellen »Möhren« hinterher.

Wenn wir uns vollkommen auf den gegenwärtigen Moment einlassen und die Fähigkeit unseres Geistes nutzen, unser Nervensystem zu entspannen und einen Perspektivenwechsel vornehmen, erkennen wir, dass wir Gewahrsein nicht herstellen müssen. Es geht vielmehr darum, das Gewahrsein wiederzuentdecken und offenzulegen. Damit können wir nur hier und jetzt anfangen, so wie wir sind, mit unserem unvollkommenen Körper, unseren Eigenarten, unseren Neurosen, unseren Verletzungen, all unseren Ecken und Kanten. Jack Kornfield hat es in seinem Buch Frag den Buddha und geh den Weg des Herzens schön formuliert: »Wir sind menschliche Wesen, und das menschliche Tor zur nondualistischen Wahrnehmung allen Seins ist unser Körper, Herz und Geist und die Geschichte, aus der wir hervorgegangen sind.«

In einem ersten Schritt etablieren wir einen Raum des Mitgefühls, in dem sich alles zeigen darf: Einsamkeit, Scham, Verlangen, Bedauern, Kummer, Wut, Glück und Frustration. In einem zweiten Schritt beziehen wir all das mit ein und öffnen uns für das Gewahrsein hinter all den Dramen, Konzepten, Vorstellungen und mentalen Überlagerungen – und das Leben wird schöner und leichter werden. Es wird deswegen nicht ätherischer, sondern ganz im Gegenteil, das Leben wird geerdeter, realistischer und einfacher. Wir beginnen die Dinge so zu sehen, wie sie sind. Wir nehmen Abstand von Identifikationen und Projektionen, hören auf, permanent zu machen oder zu suchen. Wir sind mehr und mehr die, die wir sind.

Übung: Drei Atemzüge in Achtsamkeit

Halten Sie einen Moment inne und nehmen Sie drei tiefe Atemzüge in Achtsamkeit.

Werden Sie sich nun Ihres Körpers bewusst.

Nehmen Sie drei weitere Atemzüge.

Werden Sie sich Ihres Atems bewusst.

Nehmen Sie weitere drei Atemzüge und werden Sie sich Ihres Geistes bewusst.

Durch diesen transformierenden Prozess lernen wir uns in der Tiefe kennen und entwickeln die Bereitschaft, das, was uns träge, misstrauisch, neidisch, frustriert, ängstlich, lethargisch, ehrgeizig, übergriffig, zerstreut, depressiv, hochnäsig, unachtsam, eifersüchtig, zerstreut oder pessimistisch sein lässt, nicht länger zu verdrängen oder zum Mittelpunkt unserer Aufmerksamkeit zu machen. Wir beginnen, uns mehr und mehr für jenen Teil in uns zu öffnen, der jenseits all unserer Eigenschaften und Charakteristika liegt und der frei ist. Je bewusster der Kontakt damit wird, desto gleichmütiger, gelassener und geerdeter werden wir und wir erkennen, dass alles, so wie es ist, gut ist und wir geführt werden.

Diese Transformation umfasst Bewusstseinsebenen, die ich zum einfacheren Verständnis in drei Ebenen gliedere:

Alltagsbewusstsein

Transpersonales Bewusstsein

Reines Gewahrsein

Alltagsbewusstsein: ICH. MEIN. MICH.

Im Alltagsbewusstsein leben wir mit unserem ICH in einem linearen Raum-Zeit-Kontinuum, das mit der Geburt beginnt und mit dem Tod endet. Unsere Identität basiert auf unserem Gehirn, das denkt, analysiert und interpretiert – in Wechselbeziehung mit unserem Geist, der sich auf Meinungen, Konzepte und Glaubenssysteme stützt und aus dem sich das ICH speist. Die Erfahrung des ICH steht im Vordergrund und sie ist an das Erleben der eigenen Gedanken, Gefühle und Körperempfindungen gekoppelt, die permanent interagieren. Mit unserem Alltagsbewusstsein pendeln wir permanent zwischen Vergangenheit und Zukunft hin und her und konstruieren so unsere eigene Welt. Wir erleben uns als nicht getrennt von unserem Denken und Handeln, dafür aber als getrennt von anderen und vom Leben. »Ich denke, also bin ich«, lautet der Grundsatz, den René Descartes im Heraufdämmern der Aufklärung im 17. Jahrhundert prägte. Auf dieser Ebene sind die meisten Menschen auf ihr ICH.MEIN.MICH. fixiert und leben aus dieser Sicht heraus. Die Stärkung der ICH-Identität steht im Vordergrund. Durch die Brille des ICH sind das transpersonale Bewusstsein oder das reine Gewahrsein sehr verschwommen oder gar nicht sichtbar oder wahrnehmbar. Wir halten unseren denkenden Geist für unser Zuhause.

Transpersonales Bewusstsein: Vom ICH zum WIR

Auf dieser Ebene kommt es zu einer erweiterten Erfahrung von Verbundenheit und einem bewussteren WIR-Erleben. Es sind Erlebnisse, in denen wir uns verbunden fühlen mit Bäumen, Tieren, Wesenheiten und Energien. Auf dieser Ebene können wir auch Erfahrungen machen, die weit über Geburt und Tod hinaus- und bis zu früheren Inkarnationen zurückgehen. Wenn wir transpersonale Erfahrungen machen, kann das ein starkes Gefühl von Verbundenheit entstehen lassen. Wir können uns über Raum und Zeit hinweg verständigen und fühlen uns auf einer tieferen Ebene berührt.

Reines Gewahrsein:
Wir sind bereits vollkommen

Reines Gewahrsein ist die Quelle des Geistes, die Quelle unseres Seins. Auf dieser Ebene erfährt man sich als etwas, das allem innewohnt und allem zugrunde liegt und die Einheit allen Lebens darstellt. Es ist transparent und klar und wird von den Erfahrungen des Alltagsbewusstseins nicht berührt. Wir erkennen das Heilige, Universelle und Einzigartige in jedem und allem. Wenn wir das Gewahrsein in unseren Alltag integrieren, versuchen wir nicht mehr, angstvolle Gedanken zu zähmen oder schmerzhafte Emotionen zu verdrängen. Stattdessen öffnen wir uns für das weite und offene Feld des Gewahrseins, auf dem sich alle Gedanken und Emotionen frei bewegen können. Sie werden weder unterbrochen noch weggeschickt und wir versuchen auch nicht, sie ziehen zu lassen. Es geht um die Erkenntnis, dass diese Zustände selbst aus Gewahrsein bestehen. Das reine Gewahrsein ist das, was weiß, ohne den Verstand verwenden zu müssen. Unser Körper mit seinem ICH existiert auf der Ebene des Alltagsbewusstseins, das reine Bewusstsein liegt außerhalb der Zeit und ist im Vergleich zum ICH weder einem Geburts- noch einem Sterbeprozess unterlegen. Es ist das, was ist.

Wodurch eine solche Erfahrung auch immer ausgelöst wird: Momente des Erwachens oder Erleuchtungsfunken können fast unmerklich passieren, aber auch von einer solchen Intensität sein, dass sie das Leben eines Menschen vollständig verändern. Einige Menschen erwachen über Jahre hinweg langsam, indem sie sich ihrer selbst mithilfe psychologischer und spiritueller Praktiken immer bewusster werden und immer wieder Momente erleben, in denen sie Einblick haben in das reine Gewahrsein. Erwachen kann aber ebenso spontan wie überwältigend sein und die Integration kann lange, lange Zeit dauern. So, wie eine meiner Lehrerinnen zu sagen pflegte: »Eine unmittelbare Erfahrung des reinen Gewahrseins oder das Erwachen in diese Ebenen hinein kann plötzlich geschehen, und trotzdem braucht die Integration dieser Erfahrung seine Zeit. Eine Abkürzung gibt es nicht.« Dies bestätigen viele Menschen, die tiefgreifende Erfahrungen gemacht haben. Manche Menschen hatten so tiefe Erfahrungen des reinen Gewahrseins, dass sie damit ihre alte Identität vollkommen verloren haben. Sie brauchten Jahre, um diese tiefen Erfahrungen in ihren Alltag, der ja weiterhin aus Pflichten und Verantwortung bestand, zu integrieren. Wie Eckhart Tolle, einer der bedeutendsten spirituellen Lehrer der Gegenwart.

Leben im Jetzt

Während seines Romanistikstudiums wurde der gebürtige Deutsche Eckhart Tolle immer wieder von Depressionen und Angstzuständen heimgesucht. Nach seinem Staatsexamen, als 29-jähriger Doktorand in Cambridge, litt er unter so schweren Depressionen, dass er dem Selbstmord nahe war. In diesem Zustand sagte er sich eines Nachts: »Ich will mit mir selbst nicht mehr weiterleben.« Dabei realisierte er plötzlich, dass es neben einem »Ich« noch etwas anderes geben musste, nämlich ein »Selbst«. Tolle erfuhr in diesem Moment einen elementaren Bewusstseinswandel. Sein mit der Vergangenheit identifiziertes Ich verschwand, ein tiefer, nicht enden wollender Friede tauchte auf und blieb bestehen.

Ohne zunächst zu realisieren, was in der Tiefe passiert war, verbrachte er die nächsten Jahre mit der Integration dieser Erfahrung. Tolle erzählte mir 2006 in einem Interview: »Nach meinem Bewusstseinswandel habe ich mehrere Jahre damit verbracht, alle Lehrer, die ich finden konnte, zu besuchen und mit ihnen zu sprechen. Denn zu der Zeit verstand ich noch nicht, was geschehen war. Ich wusste nur, dass ein innerer Zustand des Friedens da war. Ich hatte das starke Bedürfnis, mehr über meinen inneren Zustand zu lernen. Dann habe ich auch angefangen zu lesen. Gewisse Lehrer haben mir sehr geholfen, meinen eigenen Zustand zu erkennen und zu verstehen. So hat mir zum Beispiel ein Mönch gesagt, dass Zen damit zu tun hat, dass die Gedanken aufhören. Und in dem Moment erkannte ich zum ersten Mal, warum der Zustand des inneren Friedens da war. Da erst realisierte ich, dass ich gar nicht mehr viel denke, dass das zwanghafte Denken nicht mehr da ist. Dieses Denken hatte bei mir früher diesen schrecklichen inneren Zustand hervorgerufen. Jeder Gedanke war schmerzhaft.«

Eine hilfreiche Metapher

Es gibt zahlreiche Metaphern für die Bewusstseinsebenen. Ein besonders anschauliches Bild hat der Psychiater und Autor Daniel Siegel entwickelt. Darin stellt er unser Bewusstsein als ein großes Rad dar: Die Ebene des reinen Gewahrseins bildet die Nabe, durchdringt aber auch Speichen und Radkranz. Von dieser Nabe gehen zahllose Speichen aus und halten den Radkranz. Unsere Achtsamkeit bewegt sich vom reinen Gewahrsein weg über die Speichen hin zum Reifen, der unser Alltagsbewusstsein präsentiert. Das Rad bewegt sich die ganze Zeit: Gedanken über das Frühstück gehen in die Erinnerung an den letzten Urlaub über, das führt zu Trauer, weil dies der letzte Urlaub mit dem Partner war, der sich kurz danach getrennt hat. Danach kommt ein Gefühl des Alleinseins hoch, welches abgelöst wird von der Angst, im Alter allein zu bleiben. Gedanken über das Frühstück können aber auch in Freude übergehen, weil man nächste Woche mit dem geliebten Partner in Urlaub fahren wird und sich romantische Abende und sinnliche Nächte vorstellt. Solange wir unbewusst sind, verliert sich die Aufmerksamkeit in endlosen Spiralen des Denkens und Fühlens.

Ein Perspektivenwechsel ist möglich: Weg von der Fixierung auf das Alltagsbewusstsein hin zur Nabe, zum reinen Gewahrsein. Richten wir hingegen unsere Aufmerksamkeit weg von den Inhalten der Gedanken auf das reine Gewahrsein, in dem alles entsteht, dann geschieht Erwachen und Samen der Weisheit, Demut, des Mitgefühls und der Dankbarkeit können gesät werden.

Die Basis unseres Erlebens ist immer das reine Gewahrsein. Allerdings richten wir unsere Aufmerksamkeit nicht darauf, sondern sind auf das Alltagsbewusstsein fixiert.

DAS ALLTAGS-
BEWUSSTSEIN

Die Sklaverei beginnt,
wenn der Verstand begehrt oder sich grämt,
glücklich ist oder verärgert.
Die Sklaverei endet,
wenn der Verstand nicht begehrt oder sich grämt,
nicht akzeptiert oder ablehnt,
nicht ablehnt, nicht verärgert ist.
Aus der Abhängigkeit des Verstandes von den Objekten
der Begierde werden die Ketten geschmiedet.
Die Loslösung des Verstandes
von den Objekten der Begierde sprengt die Ketten.
Wo das Ego auftaucht, werden Gefängnisse gebaut.
Ohne Ego bleibt nur Freiheit.
Dieses Verständnis öffnet dem Weisen
Herz und Tür für alles,
was das Leben bringt,
ohne es anzunehmen, ohne es abzulehnen.

ASHTAVAKRA GITA – RAMESH S. BALSEKAR:
ERLEUCHTETE BRIEFE

WER BIN ICH?

Auf der Ebene des Alltagsbewusstseins erfahren wir die Welt durch unser ICH, als ein aus sich selbst heraus existierendes Lebewesen. Wir erleben uns über unseren Körper, unsere Gedanken und Gefühle. Unsere Erziehung, Sozialisation, Intelligenz, unser Verstand, Glaube etc. bilden ein Netz. Je mehr wir nur diesen Aspekten vertrauen, desto dichter ist das Netz geknüpft und desto schwieriger wird es, ein kleines Loch zu finden, welches uns erlaubt, einen Blick in die anderen Bewusstseinsebenen zu erhaschen. Menschen, die sehr stark im Alltagsbewusstsein verwurzelt sind, richten ihr Leben nach ihrem ICH aus und beziehen sich gerne auf wissenschaftliche Erkenntnisse. Für solche Menschen ist es sehr schwer vorstellbar, dass sie noch etwas anderes sind als dieses ICH.

Die Kraft der Frage

Vor einigen Jahren unterrichtete ich bei einer Yogalehrerausbildung Philosophie. Ich begann den Unterricht mit der Frage »Wer bin ich?« und forderte die zukünftigen Yogalehrer auf, sich in einer Meditation diese Frage zu stellen und darüber zu kontemplieren. In der Feedbackrunde sagte Klara: »Wer soll ich schon sein? Ich bin Klara, eine 38-jährige Engländerin, die glücklich verheiratet ist!« Auf meine Frage, ob ihr noch eine andere Antwort gekommen sei, schüttelte sie energisch den Kopf und meinte nur: »Das ist doch schon mehr als genug!« Im Laufe des Ausbildungsjahres kam sie, inspiriert durch Meditationen, die Yogapraxis und die alten Weisheitsschriften des Yoga, mit etwas in sich in Kontakt, das weitaus größer war als sie selbst: Sie erfuhr sich als eine Frau in einer Familie, deren Frauen sich nie getraut hatten, sich zu entfalten. Während einer Meditation konnte sie sehen, dass diese Reihe von ungelebten Frauenleben sehr, sehr weit in die Vergangenheit reichte. Als sie anfing, sich darüber Gedanken zu machen, traute sie sich zu fragen, wer sie in ihrem tiefsten Inneren ist, wenn sie sich nicht mit diesen Frauenschicksalen identifizierte. Sie kam meditierend mit einer enormen Kraft in Kontakt, die sie vorher noch nie gespürt hatte. Sie verband sich mit dieser Kraft und öffnete sich ihr nach und nach. Sie traute sich, ihrer innersten Stimme zu folgen, und begann, als Yogalehrerin zu arbeiten. Sie löste sich mit der Zeit von den Sorgen, Zweifeln und dem fehlenden Vertrauen ihrer Ahninnen. Heute leitet sie ihr eigenes kleines Yogastudio.

Die Geschichte von Klara zeigt sehr deutlich, dass unser ICH sich vornehmlich mit Rollen identifiziert: Geschlechterrollen, Rollen, die mit unserer Sozialisation, unserer Ausbildung, unserem Erfolg, unserer Religionszugehörigkeit, unserem Freundeskreis und unseren Vorlieben und Abneigungen zusammenhängen. Wenn es uns gelingt, einen Perspektivenwechsel vorzunehmen, hin zu etwas, was größer und umfassender ist als diese Rolle, kann das sehr befreiend und erhellend sein. Mit intensiver Achtsamkeit können wir eine andere Sicht auf die Dinge einnehmen und erkennen, dass alle Gedanken in unserem Bewusstsein entstehen und wieder vergehen. Je eher wir uns zum Beispiel von Gedanken lösen und nicht auf die Geschichten einsteigen, die aus einem einzelnen Gedanken entspringen, desto schneller verschwinden sie auch wieder. Schließlich ist ein Gedanke nur ein Gedanke, der entsteht und vergeht, wenn wir ihm keine Aufmerksamkeit schenken. Ungeübt tun wir das Gegenteil: Wir sind so fasziniert von unseren eigenen gedanklichen Dramen, Romanzen, Geschichten und Höhenflügen, dass wir gar nicht auf die Idee kommen, es könnte sich dabei »nur« um Gedanken handeln. Wir realisieren nicht, dass unser Alltagsbewusstsein – mit den Worten des vietnamesischen Zen-Meisters Thich Nhat Han gesprochen – lediglich wie die Empfangsstation eines Radios ist. Der deutsche Master Han Shan verwendet ein ähnliches Bild, indem er sagt, dass unser Verstand wie der Prozessor eines PCs ist, der immer nur das wiedergeben kann, was auf seiner Festplatte gespeichert ist. Wenn wir dies erkennen, mit drei, 30, 300 Atemzügen, können wir auf »Pause« drücken oder, besser noch, das Radio oder den PC ausschalten und aus der Tiefe unseres reinen Gewahrseins heraus leben.

Empfehlungen zur Praxis

Auf dem Weg zum reinen Gewahrsein ist es unvermeidlich, sich selbst und die eigenen Rollen und Identifikationen genauer zu »beleuchten«. Ich möchte Ihnen in diesem Zusammenhang einige Empfehlungen zur Praxis mit auf den Weg geben:

1. Machen Sie die Übungen über einen längeren Zeitraum, nach Möglichkeit täglich, über ein bis zwei Wochen oder besser noch 30 Tage – oder noch besser: den Rest Ihres Lebens. Übungen entfalten ihre transformierende Wirkung besonders, wenn sie regelmäßig durchgeführt werden.

2. Beginnen Sie mit einer täglichen Meditation von 10 oder 20 Minuten, in der Sie »nur« Ihre Atmung beobachten, ohne sie verändern zu wollen.

3. Führen Sie eine Art »Reisetagebuch« und schreiben Sie Ihre Erkenntnisse auf. Versuchen Sie, sich dabei nicht zu zensieren oder zu bewerten, lassen Sie es fließen. Durch das Schreiben vertieft sich die Verbindung zu Ihrem Herzen und Ihren Bewusstseinsebenen.

4. Geben Sie sich selbst eine Art inneres Commitment, das Versprechen dranzubleiben. Legen Sie hierfür eine tägliche Zeit fest, die Sie mit der Praxis verbringen wollen. Tragen Sie diesen fixen Termin am besten in Ihren Timer ein. Damit signalisieren Sie sich selbst, dass Sie es ernst nehmen.

5. Setzen Sie sich nicht unter spirituellen Leistungsdruck, erwachen darf Spaß machen! Sie müssen nichts Grandioses in Ihren Übungen erfahren oder sensationelle Erkenntnisse in Ihr Tagebuch schreiben. Bleiben Sie locker und entspannen Sie sich.

6. Begegnen Sie sich selbst bei allen Übungen mit zuhörender und sanfter Aufmerksamkeit. Schenken Sie sich selbst die gleiche Aufmerksamkeit, die Sie Ihrer besten Freundin, Ihrem Partner oder einem geliebten Menschen schenken würden.

7. Schließen Sie die folgende Übung »Ich bin« an Ihre tägliche Meditation an und beobachten Sie offen und wertfrei, welche Antworten Sie im Verlauf der Tage und Wochen erhalten.

Übung: Ich bin

Sitzen Sie aufrecht. Wenn es Ihnen möglich ist, schließen Sie die Augen und kommen Sie in Ihrem Körper an,
indem Sie ihn von innen wahrnehmen.

Wenn Sie das Gefühl haben, »angekommen« zu sein,
dann sagen Sie sich innerlich, wenn Sie eine Frau sind:
»Ich bin eine Frau.« Wenn Sie ein Mann sind, sagen Sie
sich: »Ich bin ein Mann.«

Nehmen Sie wahr, was dieser Satz körperlich, emotional
und mental in Ihnen auslöst.

Denken Sie als Nächstes an etwas, das Sie im positiven
Sinne auszeichnet, wie zum Beispiel Zuverlässigkeit,
Ruhe, Gelassenheit, Humor, Treue, Freundlichkeit, Acht-
samkeit oder Souveränität.

Sagen Sie sich innerlich: »Ich bin zuverlässig.« Achten
Sie auch hier darauf, was dieser Satz körperlich und
mental in Ihnen auslöst.

Überlegen Sie sich nun eine Eigenschaft, die Ihnen
das Leben hier und da schwer macht. Vielleicht sind
Sie cholerisch, unzuverlässig, neidisch, eifersüchtig,
fahrig oder stur.

Sagen Sie sich innerlich: »Ich bin eifersüchtig.« Nehmen Sie wahr, was diese Aussage in Ihnen auslöst.

Sagen Sie sich nun innerlich: »Ich bin.« Sie können diese Aussage auch mit der Atmung verbinden. Einatmend denken Sie »Ich« und ausatmend denken Sie »bin«.

Nehmen Sie wahr, was passiert, wenn Sie diesen Satz innerlich ohne jegliche Zuschreibung sagen oder laut aussprechen.

Ich bin

Sandra war eine Kursteilnehmerin eines Achtsamkeitskurses. Die attraktive und freundliche Zahnarzthelferin war sehr erschöpft von den vielen Anforderungen, die – wie sie sagte – das Leben an sie stellte. Sie war stets bemüht, es allen Menschen sowohl in ihrem Umfeld als auch in ihrer Arbeit recht zu machen. Als sie die »Ich bin«-Übung machte, fiel es ihr sehr leicht, ihre schlechten Eigenschaften zu benennen. Die Umschreibung »leicht« ist vielleicht sogar untertrieben: Sie wusste nicht, für welche »schlechte« Eigenschaft sie sich entscheiden sollte. Etwas Positives an sich zu finden, fiel ihr hingegen sehr schwer. Als sie dann den Satz »Ich bin« aussprach, erzählte sie später, habe sie sich zum ersten Mal für ein paar Minuten in ihrem Leben vollkommen frei gefühlt. Ein paar Atemzüge lang machte sie die Erfah-

*rung, dass sie, so wie sie war, genügte. Sie musste weder besonders
reizvoll noch fröhlich, noch intelligent, noch hilfsbereit sein. Sie
konnte einfach sein. Einfach. Sein. Es war für sie eine neue und
zutiefst berührende und erhellende Erfahrung.*

Die guten Seiten des ICH

Unser ICH hat auch gute Seiten. Richtig eingesetzt kann es
uns unterstützen, den Weg zum Erwachen zu gehen, ohne
dass wir uns in himmlischen Sphären verlieren. Wir brauchen ein gesundes ICH, um unseren Platz im Leben und
in der Gesellschaft einzunehmen. Wir brauchen ein starkes
ICH, um Grenzen zu setzen und Grenzen wertzuschätzen.
Wir brauchen ein stabiles ICH, um unserem Seelenplan zu
folgen. Wenn wir die Verletzungen heilen, die unser ICH
im Verlaufe des Lebens erfahren hat, und mit dem Wissen um die verschiedenen Ebenen fokussierte Achtsamkeit,
freundliches Mitgefühl, offenes Gewahrsein, Geduld und
Wertschätzung uns selbst gegenüber kultivieren, können
wir ein tieferes Gefühl der Verbundenheit mit uns selbst,
anderen Menschen und dem Leben erfahren. Dann wird
das ICH ein guter Diener.

Wie wir mit unserem ICH die Welt wahrnehmen, hängt
also von vielen verschiedenen Faktoren ab. Daniel Siegel,
Professor für klinische Psychologie an der UCLA (Kali-
fornien), hat in seinem Buch *Gewahrsein. Was es heißt, präsent zu sein* eine sehr schöne Metapher für unser Bewusst-

sein verwendet: Er vergleicht es mit einem Wasserbehälter. Das Alltagsbewusstsein wäre dann eine Espressotasse, das transpersonale Bewusstsein ein großer See und das reine Gewahrsein ein grenzenloser Ozean. Wenn Sie einen Esslöffel Salz nehmen und es in die Espressotasse schütten, wird das Wasser sehr salzig sein. Ist das Gefäß hingegen so groß wie ein See, kann man das Wasser mit der gleichen Menge Salz trinken, ohne dass es unangenehm ist. Fügt man einen Esslöffel Salz in den großen Süßwasserozean, so ist dies noch einmal eine vollkommen andere Erfahrung. Mit unserem Bewusstsein verhält es sich genauso. Wenn wir auf bestimmte Aspekte unseres ICH fixiert sind, kann unser Leben ganz schön versalzen schmecken. Die Fixierung einer Frau auf körperliche Schönheit oder ihr unbedingter Kinderwunsch werden diese Frau spätestens in den Wechseljahren in eine Krise stürzen, wenn sie mit der Vergänglichkeit ihrer körperlichen Schönheit konfrontiert wird oder sie keine Kinder mehr bekommen kann. Einem Mann, der sich nur über beruflichen Erfolg definiert und wertgeschätzt fühlt, kann ein Konkurs den Boden unter den Füßen wegziehen. Wenn wir begreifen, dass wir weitaus mehr sind als unser Körper, ist – um bei dem obigen Beispiel zu bleiben – der Alterungsprozess für die Frau und der Konkurs für den Mann erträglicher und wird als eine von vielen Lektionen dieses Lebens verstanden.

DER KÖRPER – EIN GEFÄSS FÜR UNSER BEWUSSTSEIN

Wir leben in einer sehr körperbetonten Gesellschaft, in der die Identifikation mit unserem Aussehen sehr stark ist. Jugendlichkeit, Sex-Appeal, Dynamik, Potenz, Vitalität und Schönheit spielen eine große Rolle hinsichtlich unseres Selbstwertgefühls. Der Wunsch nach ewiger Jugend und Unsterblichkeit haben dafür gesorgt, dass Aspekte wie Krankheit, Anfälligkeit, Vergänglichkeit und Tod in weiten Teilen ausgeblendet werden. Besonders für Menschen, die sich sehr mit einem gesunden Körper identifizieren, hat die Konfrontation mit Krankheit und Tod einen extrem salzigen Beigeschmack. Durch unseren Körper erfahren wir besonders intensiv ein Gefühl des Getrenntseins, welches durch unser größtes Organ, die Haut, wahrgenommen wird, als eine der offensichtlichsten Trennlinien zwischen uns und anderen Menschen. Wir werden sozusagen zu einem hautumkapselten Ich, wie der amerikanische Philosoph Alan Watts es ausdrückte.

Wir sind jedoch viel mehr als unser Körper. In unserem Körper, der aus 30 Billionen Zellen besteht, die sich alle sieben Jahre vollständig erneuern, manifestiert sich von unserer Geburt bis zu unserem Tod ein dynamischer Bewusstseinsstrom. Unser Körper dient uns als Gefäß, um dieses Bewusstsein zum Ausdruck zu bringen. Gelingt es uns, mit dem reinen Gewahrsein in Kontakt zu kommen, können wir die Vergänglichkeit des Körpers besser annehmen und möglicherweise erfahren, dass unser Sein mit dem physischen Tod nicht endet. Das heißt – und hier ist der Weg des Erwachens immer wieder ein Paradox – wir sollen unseren Körper schätzen, uns aber nicht über ihn definieren.

Übung: Den Körper wertschätzen

Nehmen Sie sich im Verlauf des Tages immer wieder Zeit, um Ihren Körper wertzuschätzen. Schenken Sie ihm immer wieder drei Atemzüge, sobald Sie sich bewusst werden, dass Sie gerade eine sinnliche Erfahrung machen. Sie können zum Beispiel ganz bewusst das Wasser auf Ihrer Haut spüren, während Sie sich die Hände waschen. Dies sollte man ja eh gründlicher tun. Oder Sie können auch einmal am Tag versuchen, zehn verschiedene Geräusche auszumachen, während Sie Ihre Ohren spitzen, um sich für das zu öffnen, was Sie in Ihrer unmittelbaren Nähe und dann in der Ferne hören. Sie können aber auch ganz bewusst zur Toilette gehen. Diese Aufforderung findet man seltener in Meditationsbüchern, aber sie ist unendlich wichtig, weil der Verdauungsprozess ein wundervolles Beispiel dafür ist, dass sich alles ständig wandelt. Und so, wie alles aus dem reinen Gewahrsein entsteht und dahinein wieder zurückkehrt, entsteht – im übertragenen Sinne – alles aus der Erde und kehrt wieder dahin zurück.

Im Yoga bezeichnet man den menschlichen Körper als Tempel, in dem die Seele wohnt. Eine buddhistische Weisheit besagt, dass unser Körper ein kostbares Geschenk ist, das wir sorgsam pflegen sollten. Schließlich ist er der Ort unseres Erwachens und unserer Erleuchtung. Im Buddhismus und hier insbesondere in der buddhistischen Psychologie spielt die Verfeinerung einer bewussten Wahrnehmung sämtlicher physischer Empfindungen und Emotionen über den Körper eine zentrale Rolle. Hierfür wurden zahlreiche Meditationen entwickelt, die unter anderem von Jon Kabat-Zinn, dem Begründer der MBSR-Methode (Stressreduktion durch Achtsamkeit), übernommen und dem westlichen Menschen angepasst wurden. Durch den sogenannten Bodyscan, der im MBSR eine wichtige Rolle spielt, lernt man den Kontakt zum Körper herzustellen, indem man ihn von innen »scannt« und bei Empfindungen verweilt, ohne sich mit Spannungsgefühlen oder physischen Schmerzen zu identifizieren.

Die meisten Spannungen werden nach buddhistischer Auffassung durch Emotionen wie Gier, Hass, Eifersucht, Angst und Neid ausgelöst. Das Ziel der Achtsamkeitspraxis besteht darin, sie über die physiologische Verortung bewusster wahrzunehmen und zu benennen – ohne sich mit ihnen oder mit ihrer Geschichte zu identifizieren. Wenn uns dies gelingt, können wir uns in einem ersten Schritt besser von ihnen distanzieren und in einem zweiten Schritt von ihnen lösen.

Durch eine bewusste achtsame Wahrnehmung des Körpers und seiner komplexen physischen Abläufe nimmt darüber hinaus auch das Bewusstsein zu, dass alle Zustände flüchtig und vergänglich sind. Wir erkennen, dass alle Körperempfindungen und die dadurch ausgelösten Gedanken und Gefühle – oder umgekehrt die durch Gedanken und Gefühle ausgelösten Körperempfindungen – so vergänglich sind wie die eigene Jugend und Vitalität, Potenz, Fruchtbarkeit und Schönheit. Das zu erkennen und zu akzeptieren ist wohl eine der größten Aufgaben für uns Menschen, weil wir uns einen Körper wünschen, der immer jugendlich, attraktiv, lebendig, potent, vital und leistungsfähig ist und bleibt. Das führt dazu, dass wir über seine natürlichen Bedürfnisse und Grenzen hinweggehen und die Gesetzmäßigkeiten übersehen und übergehen, denen er unterworfen ist. Wir instrumentalisieren unseren Leib und ignorieren seine seismografischen Fähigkeiten, mit denen er uns Signale unseres Seelenzustands übermittelt. Natürlich sind auch Schmerzen und Krankheiten vergänglich. Sich dessen bewusst zu sein, ist besonders hilfreich, wenn einen der Hexenschuss plagt, Migräne den Tag vermiest oder Zahnschmerzen die Aufmerksamkeit absorbieren. Sich in solchen Momenten zu sagen: »Auch das geht vorbei«, kann manchmal wirksamer sein als eine Tablette.

Übung: Körperscan

Diese Übung sollten Sie idealerweise laut vorlesen und auf dem Smartphone aufnehmen. Dadurch vertieft sich ihre Wirkung. Deshalb ist sie hier auch in Ich-Form geschrieben:

Ich komme in einer bequemen Sitzhaltung an und nehme mir Zeit dafür. Ich weiß, dass es gerade nichts zu tun und nichts zu erreichen gibt. Ich erlaube mir, einfach hier zu sein. Ich richte meine Aufmerksamkeit auf meinen Atem, ohne ihn zu beeinflussen. Mit jeder Ausatmung sinkt mein Körper etwas tiefer in die Unterlage.

Ich lenke nun meine gesamte Aufmerksamkeit zu meinem linken Fuß. Dabei atme ich gedanklich dreimal in den Fuß hinein und stelle mir vor, dass ich ihn mit einer Taschenlampe ausleuchte. Ich nehme wahr, was ich dort spüre, und auch, welche Regionen ich nicht wahrnehmen kann. Ich bin offen dafür, alle Empfindungen aus den Regionen zu empfangen, die ich bewusst spüre. Entscheidend dabei ist der Grad meiner Aufmerksamkeit.

Ich lenke meine Aufmerksamkeit nun auf das linke Fußgelenk und atme dreimal dorthin. Ich beleuchte das Gelenk mit der Taschenlampe und gehe dann auf diese

Weise weiter und lasse mir Zeit, alle Regionen genau
zu erforschen: Ich wandere vom Fußgelenk zum Unterschenkel, Schienbein, Wadenmuskel, Knie, Oberschenkel,
zur Leiste, Leistengegend, zum Übergang zwischen Bein
und Hüfte, zur linken Hüfte.

Nun richte ich meine Aufmerksamkeit auf die rechte
Hüfte, über das ganze rechte Bein bis hinunter zum rech-
ten Fuß. Dann gehe ich wie auf der linken Seite vor und
lasse mir auch hier viel Zeit, um alle Regionen ausgiebig
zu erforschen: Unterschenkel, Schienbein, Wadenmuskel,
Knie, Oberschenkel, Leiste, Leistengegend, den Übergang
zwischen Bein und Hüfte, die rechte Hüfte.

Ich spüre den Übergang zwischen Oberschenkel und
Hüfte und gehe weiter zum Gesäß, zu den Genitalien,
zum Anus, Becken, Beckenraum, zum unteren Rücken.

Möglicherweise komme ich bei diesem wahrnehmenden
Abtasten mit Problemzonen, Schmerzen oder unangenehmen Empfindungen in Kontakt. Ich bleibe trotzdem
offen für die unterschiedlichen Empfindungen. Ich atme
bei den problematischen Bereichen aus, ohne zu erwarten, dass sich die unangenehmen Empfindungen ändern.

Dann richte ich meine Aufmerksamkeit wieder auf den
Rücken, auf die Schultern, auf den Bauch, die Magen-
gegend, den Brustkorb und vom Brustbein auf den
Verlauf der Rippenbögen.

Anschließend wende ich mich der Brust und dem Herzen zu, dem gesamten Brustbereich, den Schlüsselbeinen, den Schultern. Ich spüre die Achseln, die Arme, die Hände in ihrer Gesamtheit und nehme die Handgelenke wahr.

Ich erlaube mir, noch weiter in einen Zustand des entspannten Beobachtens und Wahrnehmens zu sinken und diesen Zustand mit jeweils drei bewussten Atemzügen zu vertiefen. Dann richte ich meine Aufmerksamkeit auf die Schultern, den Hals, den Nacken, die Halswirbelsäule, die Kehle und mein ganzes Gesicht.

Atmend erlebe ich meinen ganzen Körper von den Fußsohlen bis zum Scheitel. Ich bin wach für alles, was in das Feld meiner Aufmerksamkeit tritt. Dies können Gedanken, Gefühle, Empfindungen, Geräusche, der Atem oder auch einfach Stille sein.

Ich lasse die Achtsamkeit weit werden und betrachte alle aufsteigenden Gedanken, Gefühle, Empfindungen mit Abstand, wie Wolken, die entstehen, eine Weile durch den Himmel meines Gewahrseins ziehen und sich dann wieder auflösen.

Ich erlaube mir, voll und ganz zu sein, so wie ich jetzt bin. Ich gestatte auch dem Universum, so zu sein, wie es ist, jenseits von persönlichen Ängsten, Problemen, Befürchtungen, Projektionen, Vorlieben und Abneigungen.

Ich betrachte es auch jenseits von meinem ICH, das möchte, dass mein Leben und die Umstände in meinem Leben auf eine ganz bestimmte Weise sind.

Ich nehme wahr, dass ich so, wie ich jetzt in diesem Augenblick bin, ganz, heil und vollkommen bin. Diese Vollkommenheit schließt alle Sorgen, alle Verletzungen, allen Schmerz und all das mit ein, was ich nicht mag.

Ich wurde heil geboren und verliere meine innere Vollkommenheit nicht durch äußere Probleme, Sorgen oder Schmerz. Sie ist mein wahres Wesen.

Abschließend richte ich meine Aufmerksamkeit wieder auf meinen Körper und nehme ihn noch einmal als Ganzes wahr.

Ohne Körper keine Erleuchtung! Deshalb ist es wichtig, dass wir uns nicht von ihm abspalten, sondern ihn auf unserem Weg zum Erwachen in unser Leben integrieren.

Der Körper als Seismograf

Es gibt keine Pilgerstätte,
die wunderbarer und offener wäre
als mein Körper,
kein Ort,
der es mehr wert wäre,
erkundet zu werden.

SIDDHA SARAHA

Unser Körper wurde uns gegeben, damit wir ihn auf unserem Weg zum Erwachen miteinbeziehen. Wenn wir dies nicht tun, dann spalten wir uns vom Leben ab. Ich habe es an mir selbst erfahren und auch immer wieder Menschen in meinen Kursen gehabt, die sehr vertraut waren mit der transpersonalen Bewusstseinsebene, aber ihren eigenen Körper vollkommen außer Acht ließen und vernachlässigten. Früher oder später zwingt das Leben uns möglicherweise durch eine Krankheit, dem eigenen Körper mit Wertschätzung zu begegnen und ihn bewusster in das Leben miteinzubeziehen. Tun wir dies, erkennen wir, dass die Spiritualität viel mehr Substanz bekommt und der Körper ein wundervoller Container wird, der auch Gefühle, die uns früher überflutet haben, mit Mitgefühl und Liebe halten kann.

In meinen Seminaren begegnen mir auch immer wieder Menschen, die sehr offen sind und schnell einen Zugang zu

Engeln, Lichtwesen und Naturerscheinungen bekommen. Sie haben sich als Kinder durch traumatische Ereignisse von ihrer Körperwahrnehmung abgespalten, was ihnen einen leichteren Zugang zu anderen Bewusstseinsebenen ermöglichte. Diesen Zugang haben sie bis ins Erwachsenenalter beibehalten, oder die Türe zu dieser Ebene ging durch spirituelle Techniken wieder auf. Auf dem Weg zum Erwachsenwerden haben sie die schmerzvollen Erinnerungen möglichweise so gut weggesperrt und dann vergessen, dass sie als Kind im tiefsten Inneren verletzt worden sind und diese Erfahrungen immer noch in den Zellen des Körpers gespeichert sind. Allerdings kommt keiner umhin, alle Aspekte, alle Erfahrungen zu integrieren. Wir können unseren Körper nicht ausschließen. Denn, so formulierte es Teresa von Ávila ganz treffend: »Je mehr wir in den Himmel wachsen, desto mehr müssen wir im Körper ankommen.« Nur dann ist wahre Transformation möglich.

Füße haben

Marita war eine Schwedin, die seit mehreren Jahren in München lebte und an meinem Achtsamkeitskurs teilnahm. Sie hatte extreme Kopfschmerzen und war deshalb sehr häufig krankgeschrieben. Ihr Arbeitgeber bot ihr an, einen Achtsamkeitskurs zu machen, um die Ursache für die Kopfschmerzen kennenzulernen. Am ersten Abend machte ich eine Körperbewusstseinsübung im Stehen. Ich forderte die Teilnehmer auf, ihre Fußsohlen bewusst zu spüren, aber auch den Fußrücken und jeden einzelnen Zeh.

Die Übung dauerte gute zehn Minuten und Marita schaute mich am Ende der Übung vollkommen erstaunt an und sagte: »Ich habe ja Füße!« Nach diesem Abend begann sie, die Signale ihres Körpers bewusster wahrzunehmen. Sie überging das Gefühl, zur Toilette gehen zu müssen, nicht mehr, genauso wenig wie ihren Hunger oder die Notwendigkeit, genug zu schlafen. Mit der Zeit erfuhr sie, dass sie nicht nur Füße hatte, sondern auch einen Körper. Nachdem sie mehr Bewusstheit für ihre Bedürfnisse entwickelt hatte, verschwanden ihre Kopfschmerzen.

Solche Erfahrungen wie Marita machen immer wieder Menschen in meinen Kursen. Besonders die, die sehr viel im Internet surfen und sich gerne und häufig in virtuellen Welten verlieren. Es kann aber auch sein, dass Menschen zum Beispiel Essstörungen haben, also dadurch von ihrem Körper abgespalten sind, und dann unter dem Deckmäntelchen der gesunden Ernährung ihre Störung weiterleben, ohne sich dessen bewusst zu werden.

Wenn wir unseren Körper miteinbeziehen auf unserem spirituellen Weg und ihn als eine Art Seismografen verwenden, kann er uns auf eine ganz unmittelbare Weise mit uns in Kontakt bringen. Wir werden das Leben auf eine ganz neue Weise lieben und schätzen lernen: Mit Achtsamkeit und Wertschätzung werden wir einen Tee trinken, den Waldboden unter unseren nackten Füßen genießen und die frische Luft einatmen, den Duft einer frischen Blume riechen, einen geliebten Menschen streicheln, köstliche Rezepte ausprobieren und achtsam Bissen für Bissen genießen. Je mehr wir in unserem Körper verankert sind, desto mehr werden wir all das mit jeder Faser erleben und genießen.

––––––––––––

Übung: Füße wahrnehmen

Beziehen Sie Ihre Füße über den Tag verteilt mit drei achtsamen Atemzügen in Ihr Leben ein:

Nutzen Sie die Gelegenheit, morgens nach dem Aufstehen auf beiden Füßen »zu landen«. Nehmen Sie bewusst drei tiefe Atemzüge und leiten Sie den Atem hinunter bis in die Füße.

Wenn Sie Ihre Zähne putzen, stellen Sie sich abwechselnd mal auf das linke, mal auf das rechte Bein.

Bevor Sie das Haus oder die Wohnung verlassen, nehmen Sie drei achtsame Atemzüge und dabei Ihre Füße wahr.

Vielleicht fallen Ihnen ja noch mehr Gelegenheiten ein, bei denen Sie Ihre Aufmerksamkeit in die Füße lenken können: beim Gehen, beim Stehen an der Bushaltestelle, auf dem Fahrrad, beim Sitzen …

––––––––––––

Was verändert sich, wenn Sie so einen Teil Ihres Körpers in Ihr Leben einbeziehen? Erleben Sie Ihren Körper als eine Brücke zu Ihrem Innenleben? Für den Psychologen und Achtsamkeitslehrer Mark Williams ist die Arbeit mit dem Körper unerlässlich, weil er auf das winzigste Aufflackern von Emotionen und Gedanken sehr sensibel reagiert. Unser Körper nimmt Gedanken und Gefühle häufig wahr, bevor wir sie registrieren. Häufig, so Williams in seinem Buch *Das Achtsamkeitstraining*, hält er sie für bare Münze, »unabhängig davon, ob sie einen korrekten Eindruck von der Welt liefern oder nicht«. Diese Verbindung macht deutlich, wie eng Gedanken, Gefühle und Körperempfindungen zusammenhängen. Sie bedingen einander unablässig und erst, wenn wir unseren Körper genauer unter die Lupe nehmen, erkennen wir, wie unmittelbar er auf alles reagiert.

Stellen Sie sich eine Zitrone vor, die Sie in zwei Teile schneiden. Dann beißen Sie ganz genüsslich in eine der beiden Hälften hinein. Was nehmen Sie im Körper wahr?

Die meisten Menschen, die diese Vorstellung herstellen, produzieren sofort Speichel. Diese Visualisierung verdeutlicht auf wunderbare und einfache Weise, wie unmittelbar unser Körper auf unsere Gedanken und Gefühle reagiert. Er gibt dem Gehirn sofort Rückmeldung über unsere Emotionen, was zu einer Verstärkung von Gefühlen wie Angst, Sorgen, aber natürlich auch Freude führen kann. Diese Rückkopplungen üben eine sehr große Macht auf unser Leben aus. All unsere Projektionen, Urteile, Bewertungen und Erinnerungen, die unbewusst in die Gegenwart hineinspielen, hängen mit unserer momentanen körperlichen Verfassung zusammen und beeinflussen sie wiederum auch umgekehrt. Wenn wir unseren Körper fein wahrnehmen lernen, uns unserer Projektionen und Einstellungen bewusst werden und infolgedessen eine positive Beziehung zu ihm entwickeln, wird sich auch unser Leben ändern: Wir werden mehr bei uns selbst ankommen und erwachen.

Ich mag keine Rosinen

Die Rosinenübung ist eine der ersten Übungen, die im MBSR-Training mit den Teilnehmern durchgeführt wird. Dabei wird eine Rosine mit allen Sinnen erfahren, sie wird angesehen, betastet, gerochen, Geräusche beim Rollen zwischen den Fingern erlauscht und natürlich wird sie auch geschmeckt. In einem meiner MBSR-Kurse sagte ein älterer Mann: »Ich mag keine Rosinen!« Ich bat ihn zu versuchen, ob er die Rosine mit einer möglichst achtsamen, das heißt offenen und wertfreien, Haltung betrachten und sie über seine Sinne möglicherweise ganz neu kennenlernen könne. Er ließ sich – mit etwas Widerwillen – auf das Experiment ein und am Ende der Übung stellte er lächelnd fest: »So schlecht schmeckt sie gar nicht.« Diese Erfahrung war sehr erhellend für ihn. Dann erzählte er, dass seine Großmutter immer einen fürchterlichen Rosinenkuchen gebacken hatte, den alle essen mussten. Als seine Großmutter starb, war er sechs Jahre alt, seitdem hatte er keine einzige Rosine mehr gegessen. Er war erstaunt, wie tief sich diese Abneigung in sein Bewusstsein eingegraben hatte.

Übung: Dem Körper mit einer Verneigung danken

Nutzen Sie morgens und abends immer wieder drei Atemzüge in Achtsamkeit, um sich vor Ihrem Körper zu verneigen. Er ist das größte Geschenk, das das Leben an Sie gemacht hat. Durch ihn erfahren Sie die Welt.

Nehmen Sie morgens nach dem Aufstehen drei Atemzüge in Achtsamkeit für Ihren Körper, dafür, dass Sie heute wieder aufstehen und diesen Tag nutzen können, dass Sie sich bewusst weiterentwickeln dürfen.

Einatmen. Ausatmen.
Einatmen. Ausatmen.
Einatmen. Ausatmen.

Wertschätzend können Sie sich vor Ihrem Körper verneigen.

Verneigen Sie sich vor dem Schlafengehen vor Ihrem Körper und danken Sie ihm dafür, dass Sie über ihn heute in dieser Welt sein konnten.

Sinne als Tore ins Jetzt

Weisheit erkennt,
welche Gefühle präsent sind,
ohne sich in ihnen zu verlieren.

JACK KORNFIELD

Buddha hat die Sinne unseres Körpers als Tor zur Erleuchtung bezeichnet. Durch unsere Nase (riechen), Haut (fühlen), Augen (sehen), Ohren (hören) und Zunge (schmecken) treten wir mit unserer Umwelt in Kontakt. Sie nehmen permanent Objekte und Eindrücke wie schöne Gesichter, hässliche Geräusche, gut riechende Düfte und übel schmeckende Lebensmittel wahr. Alle diese Eindrücke werden zur Nahrung für unser Gehirn und unseren Geist, die damit beschäftigt sind, sie zu bewerten, zu zerlegen, ihnen nachzujagen oder sie loszuwerden. Schöne Empfindungen möchten wir immer wieder erleben, negative Eindrücke hingegen vermeiden.

Eine der schnellsten Möglichkeiten, den ablenkbaren Geist zu beruhigen, besteht darin, sich achtsam zu be-sinnen. Untersuchungen haben gezeigt, dass die Lenkung der Achtsamkeit auf eine direkte sinnliche Erfahrung im gegenwärtigen Moment die Aktivität des Default Mode Network (DMN) verlangsamt. Das ist eine Gruppe von Hirnregionen, die aktiv werden, wenn wir nichts tun. Das DMN ist also dafür verantwortlich, dass unser Geist umherwandert, wenn wir eigentlich Ruhe haben wollen. Durch regelmäßige Meditation beispielsweise können wir das DMN beruhigen, es ist dann weniger aktiv und mit Übung etabliert sich ein gelassenerer Zustand des Gehirns.

Übung: Die Umwelt erforschen

Für diese Übung brauchen Sie einen Timer, am besten im Smartphone, den Sie auf drei Minuten einstellen. Nehmen Sie sich Zeit und versuchen Sie, Ihre Umwelt bewusst über die Sinne wahrzunehmen.

Beginnen Sie mit dem Sinn, der sich ganz natürlich in den Vordergrund stellt, und gehen Sie nach und nach die restlichen Sinne durch. Konzentrieren Sie sich jeweils auf einen einzigen Sinn, als würden Sie ihn wie mit einer Taschenlampe untersuchen.

Wenn Sie bemerken, dass Sie sich in Gedanken verlieren, holen Sie sich mit drei achtsamen Atemzügen wieder zurück zur Sinneserfahrung.

Versuchen Sie, Ihre Wahrnehmung so weit werden zu lassen wie das Blau des Himmels oder den Horizont. Während dieser drei Minuten ist diese Sinneserfahrung eingebettet in einen großen Raum der Erfahrung und damit Teil von allem.

Unsere Sinne sind nicht nur hilfreich, sondern sogar lebensnotwendig, damit wir uns in der Welt zurechtfinden und leben können. Darüber hinaus ist es bewusstseinserweiternd und befreiend, wertfrei wahrzunehmen, ob uns eine sinnliche Erfahrung jeweils überwältigt, abstößt oder nicht tangiert.

Übung: Drei Atemzüge in Achtsamkeit
für die Sinne

Drei Atemzüge reichen, um uns wieder zurück in den gegenwärtigen Moment zu holen. Sie können uns bewusst machen, dass wir unsere Welt über die Sinne wahrnehmen.

Halten Sie immer wieder inne und werden Sie sich der sinnlichen Erfahrung, die Sie in diesem Moment machen, gewahr.

Nehmen Sie drei Atemzüge in Achtsamkeit. Was nehmen Sie JETZT wahr? Was hören, riechen, schmecken, fühlen, sehen Sie? Was nehmen Sie genau JETZT in diesem Moment wahr?

GEFÜHLEN ERLAUBEN, ZU SEIN

In der buddhistischen Psychologie unterscheidet man bei Gefühlen grundlegend zwischen angenehmen, unangenehmen und neutralen Gefühlen. Diese werden durch jede Sinneserfahrung hervorgerufen. Jeder Anblick, jeder Geruch, jeder Klang, jeder Geschmack und jede Berührung führen zu dieser emotionalen Tönung. Daraus entsteht eine ganze Bandbreite an sekundären Gefühlen von Angst über Freude bis hin zum totalen Wohlgefühl. Im Buddhismus heißt es weiter, dass das Arbeiten mit Gefühlen der direkte Weg zur Erleuchtung ist.

Wir wollen weder Schmerz noch Verlust erfahren, möchten lieber angenehme Gefühle erleben und diese festhalten. Somit sind wir häufig damit beschäftigt, gegen den ununterbrochenen Strom von Gefühlen wie Wut, Liebe, Traurigkeit, Gier, Ekel, Ungeduld, Leidenschaft, Hass, Gleichgültigkeit, Anziehung, Freude, Lust oder Angst anzukämpfen oder sie festhalten zu wollen. Dieses Anhaften oder Ablehnen bestimmt unser Alltagsbewusstsein: Durch Achtsamkeit können wir Licht ins Dunkel unserer Gefühle bringen und den Druck loslassen, uns unentwegt gut fühlen zu müssen.

Das regelmäßige Praktizieren der hier im Buch vorgestellten Übungen kann Sie darin unterstützen. Indem Sie sich darauf einlassen, werden Sie Ihre Gefühle im Laufe der Zeit besser kennenlernen und einen anderen Umgang mit ihnen lernen. Entwickeln Sie in einem ersten Schritt Achtsamkeit und seien Sie wach im Umgang mit Ihren Gefühlen. Dann werden Sie sich nicht mehr so sehr in den Geschichten verstricken, die sich aus ihnen entspinnen.

Übung: Vier Schritte im Umgang mit Gefühlen

Diese Übung kann Sie darin unterstützen, schwierige Gefühle wahrzunehmen und mit ihnen zu arbeiten, anstatt von ihnen überflutet zu werden oder ihnen hilflos ausgesetzt zu sein.

Schritt 1: Erkennen Sie, was Sie fühlen. Ein konstruktiver Umgang mit den eigenen Gefühlen ist erst dann möglich, wenn wir das Gefühl wahrnehmen.

Schritt 2: Lassen Sie das Gefühl da sein. Alles, was ist, darf sein. Das ist besonders wichtig bei schwierigen Gefühlen, da wir hier die Tendenz haben, sie zu unterdrücken, zu verdrängen oder zu leugnen. Aber die Auseinandersetzung damit ist unumgänglich – und sie lohnt sich. Die ganze Bandbreite der unangenehmen und angenehmen Gefühle wird erst erfahrbar, wenn sich alles zeigen darf. Erst dann wird innere Weite entstehen. Diese Weite macht es erst möglich, dass wir einen inneren Raum für all unsere Gefühle schaffen und dann anfangen können, unbewusste Reaktionen durch klare Entscheidungen zu ersetzen. Wenn wir unseren Geist regelmäßig und achtsam ausrichten auf die Wahrnehmung unserer inneren Empfindungen, wird dadurch unsere Sammlung gestärkt und unsere Gefühle werden an Tiefe gewinnen und vielschichtiger. Dadurch wird sich auch unser Prozess des Erwachens vertiefen, weil wir erkennen, dass Gefühle weder gut noch schlecht sind.

Schritt 3: Stehen Sie zu Ihren Gefühlen. Wenn wir zu den eigenen Gefühlen stehen, wird es leichter, sie achtsam und mit Distanz zu untersuchen. Häufig ist es eine sehr große Entlastung, wenn man diesen Schritt gemacht hat und erkennt, dass ein Gefühl nur ein Gefühl ist. Laufen wir nicht mehr länger vor ihnen weg, sondern schauen wir ihnen ins Gesicht, verlieren sie auch häufig ihren Schrecken. Dann kann es sehr interessant werden, wenn man sie untersucht. Wenn wir uns nicht mehr so stark mit ihnen identifizieren, dann werden wir auch nicht mehr so sehr unter Gefühlen leiden oder von ihnen abhängig sein. Es ist ein großer Schritt in Richtung Erwachen, wenn wir erkennen, warum wir mit den immer gleichen Gefühlen auf bestimmte Menschen oder Situationen reagieren. Die Ursachen hierfür herauszufinden, braucht allerdings Zeit und Übung. Gelingt es uns, eine intensive Gefühlsreaktion wahrzunehmen, erkennen wir, dass es oft nur ein Satz, eine Handlung, ein Gegenstand ist, der oder die eine Erinnerung in uns auslöst, aber mit der jetzigen Situation nichts zu tun hat. Wenn wir dies erkennen und zwischen Reiz und Reaktion eine Lücke entstehen lassen, können wir uns aus einem Automatismus lösen, der vielleicht jahrzehntelang zu unbewussten Reaktionen geführt hat.

Schritt 4: Nehmen Sie das Gefühl ganz zu sich. An diesem Punkt angelangt, werden wir uns nicht lang mit einem Gefühl identifizieren müssen. Es kann gut sein, dass wir uns immer noch ärgern, wenn uns jemand den Parkplatz vor der Nase weggeschnappt hat – besonders dann, wenn wir es eilig haben. Möglicherweise sind Sie immer noch eifersüchtig, wenn Ihr Partner mit Ihrer Freundin flirtet. Wenn Sie jedoch Ihre Tendenz, eifersüchtig zu werden, annehmen, werden Sie den Stich im Herzen zwar noch spüren, aber er wird es nicht mehr durchbohren wie ein Schwert.

Mit etwas Übung werden Sie das Wesen der Gefühle besser verstehen und erkennen, dass Sie im Raum Ihres reinen Gewahrseins entstehen und dort auch wieder vergehen. Alle Gefühle sind vergänglicher Natur. Ein achtsamer Umgang mit Gefühlen und die entsprechende Distanz dazu wird Ihnen helfen, einen leichteren Umgang zu entwickeln. Es macht einen großen Unterschied zu sagen: »Da ist Trauer«, anstatt von: »Ich bin traurig.« Es fühlt sich anders an, wenn Sie sagen: »Ich habe Angst«, oder wenn Sie sagen: »Da ist Angst.« Probieren Sie es aus, wenn Sie sich Ihrer Gefühle das nächste Mal bewusst werden.

Der Angst ins Gesicht schauen

Dieter nahm an einem achtwöchigen Achtsamkeitskurs teil. Einen Großteil seines Lebens hatte er damit verbracht, vor seinen Ängsten und Gefühlen wegzulaufen. Drogen, Arbeit, Reisen, wechselnde Beziehungen konnten sie nicht dämpfen, im Gegenteil: Je mehr er sich ablenkte, desto stärker wurden seine Panikattacken. Im Laufe des Kurses erkannte er, dass er inzwischen große Angst vor der Angst und deshalb Vermeidungsstrategien entwickelt hatte. Durch Achtsamkeit lernte er, langsamer zu werden, bewusster zu atmen und seine Körperempfindungen, Gefühle und Gedanken zu benennen, anstatt vor ihnen wegzulaufen. Er hielt immer häufiger inne, erdete sich bewusst und schaute seinen Ängsten und dahinter dem, was ihm Angst machte, ins Gesicht und untersuchte dies. Dieses Hinschauen war zwar in den ersten Monaten anstrengend und manchmal schmerzhaft, aber mit der Zeit spürte er, dass sein Leben Qualität und Tiefe bekam.

Meditation: Gefühle da sein lassen

Wir haben verlernt, um Dinge und Menschen zu trauern. Wenn wir uns erlauben, aus ganzem Herzen zu trauern, werden wir lernen, unseren Verlust zu erkennen, zu akzeptieren und einzuordnen. Auch wenn es paradox klingt: Der beste Weg, die Trauer loszulassen, ist, sie vollkommen anzunehmen.

Kommen Sie in eine aufrechte Sitzhaltung und lassen
Sie sich Zeit, anzukommen. Wenn Sie mögen, berühren Sie sich selbst: Vielleicht wollen Sie eine Hand auf
Ihren Herzraum legen, um dort symbolisch ein besonders
verletztes Wesen zu halten – sich selbst.

Nehmen Sie drei achtsame Atemzüge und richten Sie
dabei Ihre Aufmerksamkeit auf den Schmerz, den der
Verlust mit sich gebracht hat.

Atmen Sie sanft und mitfühlend weitere drei Atemzüge
und geben Sie allen Gefühlen Raum – Schmerz, Wut,
Liebe, Angst, Unverständnis, Kummer – und auch den
damit verbundenen Tränen.

Öffnen Sie sich und machen Sie sich gleichzeitig bewusst,
dass Sie noch viel mehr sind: Sie spüren diese Trauer, aber
Sie sind auch das reine Gewahrsein, in dem all die Trauer,
all der Schmerz Platz haben und sein dürfen. Vertrauen
Sie darauf, dass die unvergängliche Weisheit und das
reine Gewahrsein Sie sanft durch die Trauer tragen.

Machen Sie diese Meditation so lange, wie sie Ihnen
guttut. Nehmen Sie drei Atemzüge in Achtsamkeit, bevor
Sie sie beenden.

———————————

GEDANKEN ERKENNEN UND
DA SEIN LASSEN

Wer ist dein Feind?
Der Geist ist dein Feind.
Wer ist dein Freund?
Der Geist ist dein Freund.
Lerne die Wege des Geistes kennen.
Zähme ihn mit Umsicht.

BUDDHA

Genauso wie das genaue Untersuchen der Gefühle brauchen wir ein tiefes Verständnis über die Entstehung und Wirkung unserer Gedanken. Dies machte auch Buddha immer wieder deutlich. Im *Dhammapada*, einer Sammlung von 423 Versen, die die authentischen Lehren Buddhas enthalten, geht er unter anderem auf den Geist und die Wirkung der Gedanken ein: »(1) Alle Dinge entstehen im Geist. Sie sind unseres mächtigen Geistes Schöpfung. Rede mit unreinem Geist, handle mit unreinem Geist und Leiden wird dir folgen, so wie das Rad dem Fuß folgt, der den Wagen zieht. (2) Rede mit reinem Geist, handle mit reinem Geist und Glück wird dir folgen, wie der Schatten dem Körper folgt und nicht weicht.«

Buddha wusste, dass wir unsere Welt einzig und allein aus unseren Gedanken erschaffen. In dem Augenblick, in dem ihm dies in der Tiefe bewusst wurde und er sich nicht mehr in den Geschichten verfing, die aus seinen Gedanken entstanden, erwachte er. Deshalb war es ihm ein großes Anliegen, den Menschen zu vermitteln, wie wichtig es ist, die eigenen Geisteszustände zu erkennen. Wenn uns dies in einem ersten Schritt gelingt, die Identifikation des ICH mit den eigenen Gedanken und den daraus entstehenden Vorstellungen zu entlarven und sie in einem weiteren Schritt zu verändern, findet Erwachen statt. Auch seine buddhistischen Nachfolger und Meditationslehrer, die buddhistische Methoden in ihre Arbeit integrieren, wissen um die heilsame und erleuchtende Wirkung der Auseinandersetzung mit Gedanken: geistige Klarheit, Glück, innere Zufriedenheit, Gleichmut und heitere Gelassenheit. Im Idealfall erreichen wir vollkommene Freiheit – aber wie bereits gesagt: Ein Ideal ist ein Ideal. Selbst wenn wir nicht zur vollkommenen Freiheit erwachen wie Buddha, so werden wir uns sehr viel besser kennenlernen und zumindest freier werden.

Dann werden wir erkennen, dass ein Strom von Millionen von Gedanken ohne Anfang und ohne Ende unser Alltagsbewusstsein bestimmt. Es heißt, dass wir von den bis zu 50 000 Gedanken, die wir täglich denken, 95 Prozent immer die gleichen sind. Sie entstehen in unserem Bewusstsein, ohne dass wir sie dazu auffordern, ziehen weiter, wenn wir sie nicht beachten, oder beißen sich fest, wenn wir ihnen Aufmerksamkeit schenken. Unter unserer Schädeldecke scheint es eine Quelle von wilden, schönen, schöpferischen, destruktiven, kreativen, mutigen, qualvollen – kurz: unterschiedlichsten Ausformungen von Gedanken zu geben.

Die nächste Übung wird Ihnen helfen, sich noch stärker von Ihren Gedanken zu distanzieren.

Übung: Denkmuster erkennen

Kommen Sie in eine aufrechte und bequeme Sitzhaltung. Verweilen Sie hier und richten Sie Ihre Aufmerksamkeit auf die Atmung.

Wenn ein Gedanke auftaucht, nehmen Sie diesen einfach nur als Gedanken wahr. Benennen Sie ihn mit »Denken. Denken«.

Seien Sie nach Möglichkeit noch genauer und beschreiben Sie die Gedanken mit »Planen. Planen« oder »Grübeln. Grübeln«, je nachdem, welche Qualität Ihre Gedanken haben.

Machen Sie Ihre Gedanken zum Objekt und stellen Sie sich vor, Sie würden sie im Licht einer Taschenlampe betrachten. Anfangs kann es sein, dass Sie die Wahrnehmung der Gedanken als Objekt nicht halten können und sich in ihrem Inhalt verlieren. Das ist normal. Fahren Sie einfach fort, achtsam, wertfrei und offen wahrzunehmen, welche Gedanken auftauchen, und gehen Sie auf Abstand zu ihnen.

Welche Gedanken stehen im Vordergrund? Sind es traurige, wertende, freundliche, optimistische, destruktive oder sinnstiftende Gedanken? Planen Sie oder grübeln Sie? Wie wirken sich diese Gedanken auf Ihren Körper und auf Ihre Gefühle aus?

Mit etwas mehr Erfahrung können Sie die Aufmerksamkeit auch weit werden lassen. Werden Sie sich der Gedanken als etwas in einem offenen Raum gewahr. Vielleicht hilft Ihnen dabei das Bild von Daniel Siegel: Ein trauriger Gedanke in einer kleinen Espressotasse kann den Tag versalzen. Der gleiche Gedanke in einem großen See macht das Ganze schon viel erträglicher.

Eigene Fortschritte anerkennen

Häufig erlebe ich in meinen Kursen, dass die Teilnehmer verärgert sind, weil sie sich immer noch in Gedanken verfangen. Dabei ist es schon ein sehr großer Fortschritt, wenn wir überhaupt bemerken, dass wir uns verfangen haben. Es ist ein großer Fortschritt, wenn wir bemerken, dass wir immer noch voller Sehnsucht sind, Gefühle der Ablehnung uns quälen, Selbstakzeptanz uns noch schwerfällt, Scham, Begierde, Einsamkeit, Reue, Frustration, Kummer und Wut unsere Handlungen bestimmen. All das zu bemerken, ist wirklich wichtig. Manchmal spüren wir es nach drei Atemzügen, manchmal nach drei Minuten, manchmal nach drei Stunden oder erst nach drei Tagen. Aber wann immer wir es bemerken, erwachen wir aus der Identifizierung. Die folgende Übung schafft eine sehr schöne Versöhnung mit diesem Leistungsdruck.

Übung: Sich vor den eigenen
Gedanken verneigen

Kommen Sie in eine aufrechte Sitzhaltung. Stellen Sie Ihren Timer auf 10, 20 oder 30 Minuten. Je nachdem, wie lange Sie meditieren möchten. Richten Sie Ihre Aufmerksamkeit auf Ihre Atmung. Sobald Sie bemerken, dass Sie sich in Gedanken verlieren, können Sie sich vor sich selbst verneigen. Verneigen Sie sich jedes Mal vor Ihren Gedanken, wenn Ihnen bewusst wird, dass Sie dabei waren, sich in einer »Geschichte« zu verlieren, die aus einem einzigen Gedanken entstanden ist. Dieses Verneigen ist eine schöne Geste, weil es den Fokus auf das richtet, was Sie wahrnehmen, und nicht auf das, was Sie noch nicht können.

Wertschätzend und voller Dank dafür, dass Sie achtsam waren, können Sie sich davor verneigen, sich Ihrer eigenen Gedanken bewusst geworden zu sein.

Es ist eine große Hilfe zu realisieren, dass wir Gedanken und genauso Gefühle und Körperempfindungen haben, wir aber nicht unsere Gedanken, Gefühle und Körperempfindungen sind. Wenn es uns gelingt, den Blick zu weiten und uns gewahr zu werden, dass wir viel mehr sind als Gedanken, Gefühle und Körperempfindungen und alle Gedanken im offenen Raum des Gewahrseins entstehen, werden wir das Leben auch in solchen Zeiten leichter nehmen, in denen uns das Leben ungefragt noch einen extra Esslöffel Salz ausgibt.

Übung: Eine Pause zwischen Reiz und Reaktion entwickeln

Installieren Sie für diese Übung eine innere Taschenlampe und richten Sie während der Meditation das

Licht Ihrer Aufmerksamkeit auf Ihre Gedanken, um Sie dadurch in Ihr Bewusstsein zu bringen.

Nehmen Sie wahr, wie sich einem Gedanken sofort eine Körperempfindung oder ein Gefühl anschließt. Benennen Sie innerlich Ihre Gedanken mit »Denken. Denken«. Durch dieses konkrete Benennen der Gedanken können Sie eine Pause zwischen Gedanken, Gefühlen und Körperempfindung schaffen. Vielleicht fällt es Ihnen aber auch leichter, sich auf ein Gefühl mit »Fühlen. Fühlen« oder auf eine Körperempfindung mit »Jucken. Jucken« zu konzentrieren.

Das Prinzip ist immer das gleiche: Achten Sie darauf, was diese Körperempfindungen an Gefühlen und Gedanken auslösen. Benennen Sie, was Sie wahrnehmen, und kehren Sie dann zu Ihrer Atmung zurück.

Richten Sie dann Ihre Aufmerksamkeit auf die Pause, die entsteht, wenn Sie Ihre Gedanken benennen. Richten Sie Ihre Aufmerksamkeit auch darauf, was passiert, wenn Sie Ihren Gedanken nicht mehr alles glauben, sondern sie mit Distanz betrachten.

Können Sie die Lücke zwischen Reiz und Reaktion wahrnehmen?

DAS ICH NEU ERFAHREN

Unser ICH macht uns zu dem Menschen, der wir sind. Normalerweise ist es schöpferisch, kulturschaffend und an Fortschritt und Entwicklung interessiert. Mit dem ICH ist die beobachtende und kontrollierende Steuerungsinstanz eines Menschen gemeint und der gemeinsame Schnittpunkt sämtlicher Sinneseindrücke, Gefühle, Körperempfindungen, Gedanken, dem Intellekt und der Psyche. Das ICH ist unsere Verbindung mit der Außenwelt und mit uns selbst. Dank seiner Hilfe besitzen wir die Fähigkeit, uns unserer selbst gewahr zu werden.

Das Paradigma in unserer westlichen Welt lautet, dass der Verstand, der das ICH steuert, die einzig ernst zu nehmende konstante Instanz des Menschen sei. Bewusstseinsforscher des Ostens hingegen gehen davon aus, dass unser ICH ein vergängliches Gedankenkonstrukt ist, welches uns von unserem wahren Selbst, dem reinen Gewahrsein, trennt. Manche spirituell interessierten Menschen im Westen, die von der Idee der ICH-Transzendenz östlicher Religionen fasziniert sind, wollen ihr ICH gerne loswerden. Dabei übersehen sie die Tatsache, dass unser ICH lebensnotwendig ist und durchaus positive Aspekte besitzt. Unser ICH ist die Instanz in uns, die uns unterstützt, Entscheidungen zu treffen, Grenzen zu setzen und unsere Stärken zu leben. Wir brauchen ein gesundes ICH, um gesunde Beziehungen zu pflegen und um unseren Platz in dieser Gesellschaft einzunehmen. Jeder Mensch drückt sich durch sein ICH auf individuelle Weise aus.

Der Weg der scheinbaren Widersprüche

Vielleicht stellen Sie sich jetzt wieder die Frage: Wie soll das gehen? Auf der einen Seite sollen Sie sich nicht mehr mit Gedanken, Gefühlen, Körperempfindungen und dem ICH identifizieren. Und auf der anderen Seite sollen Sie dies alles ausgiebig erforschen. Klingt das nicht widersprüchlich? Diese Fragen sind sehr berechtigt und machen deutlich, wie paradox der Weg zum Erwachen ist.

Eine Erklärung dieses scheinbaren Widerspruchs ist diese: Es braucht die Stärkung des ICH, bevor wir es loslassen können. Erfahrungsgemäß möchten besonders Menschen, deren ICH instabil ist, es lieber heute als morgen überwinden. Diese Instabilität kann sich unter anderem in starken Ängsten, Minderwertigkeits- und Ohnmachtsgefühlen, Verlangen nach Macht und Kontrolle ausdrücken, sich aber auch in permanenten Problemen in Beziehungen oder mit der Arbeit zeigen. Hier wird deutlich, dass es kein Paradox ist: Wenn wir uns auf Beziehungen einlassen können, unser Geld verdienen und unseren Platz im Leben einnehmen, dann ist dies eine andere Voraussetzung, als sich aus dem Leben zu stehlen. Wenn wir erkennen, wo, wann und von wem unser ICH mit seinen Ängsten und Neurosen getriggert wird, und wir diese Faktoren untersuchen, sorgen wir für mehr Stabilität in unserem Leben.

Jeder ernsthafte spirituelle Weg bringt früher oder später eine Auseinandersetzung mit dem eigenen ICH mit sich. Erst, wenn wir dem ICH seinen Platz zuweisen, können wir uns als Ganzes erfahren. Dann fühlt sich das Leben nicht mehr ganz so versalzen an. Das ICH hat an seinem richtigen Platz sinnbildlich »nur« die Rolle des Geschäftsführers, ist aber nicht der Besitzer des Unternehmens. Der Besitzer ist das reine Gewahrsein. Sich dessen bewusst zu werden und eine entsprechende Platzzuweisung vorzunehmen, ist ein wesentlicher Akt des Erwachens. Erst dann, wenn es seinen gebührenden Platz einnimmt, kann es auf konstruktive Weise mit den anderen Aspekten der Wirklichkeit koexistieren. So wird das ICH uns darin unterstützen, ein Leben der Selbstbestimmtheit, Selbstwirksamkeit, Integrität und Bewusstheit zu führen.

Den Gesang des Seins erfahren

Um sich des ICH bewusst zu werden, schlägt der Weisheitslehrer Poonja in *Der Gesang des Seins* vor, »sämtliche Regungen nur einen einzigen Augenblick anzuhalten, sämtliche Wünsche und Gedanken nur eine Sekunde lang anzuhalten, und nicht zuletzt den ersten Gedanken: ›Ich …‹. Gönne dir einen Moment der vollkommenen geistigen Ruhe – und auf der Stelle befindest du dich jenseits des Kreislaufs von Geburt und Tod. Dieser Kreislauf ist Samsara, die Welterscheinung letztlich deine eigene Einbildung. Die Einbildungskraft des grenzenlosen Bewusstseins hat keinen Anfang, nur glasklare Selbsterkenntnis kann ihrem flackernden Lichtspiel ein Ende bereiten. Die Frage ›Wer bin ich?‹ bereitet dem Flackern ein Ende. Also entscheide dich ein für alle Mal: ›Ich muss sofort erkennen, wer ich in Wirklichkeit bin.‹«

ICH BIN

Ein Bericht von Daniele:

»Es war in den letzten Tagen des alten Jahres. Meine direkte Erfahrung bahnte sich an durch eine an mich gerichtete abwertende Bemerkung einer Seminarteilnehmerin, während wir den Gruppenraum zur Gehmeditation verließen. Nach drei fast schlaflosen Nächten, durch stundenlanges Sitzen, Schweigen und darüber Nachdenken, wer ich denn nun wirklich bin, war mein Geist mürbe, meine Seele wund und mein Körper erschöpft. Ein wunderbarer Nährboden für eine direkte Erfahrung. Ich erinnere mich nicht mehr an den genauen Wortlaut der Frau. Ihre Sätze begleiteten, nein sie verfolgten mich jedoch bis tief in den Wald, in den mich meine Schritte geführt hatten.

Ich stand an einem kleinen Bach inmitten von Nadelwald, über mir der winterliche Himmel, und schaute dem Fließen des Wassers zu. Tränen liefen mir über das Gesicht. Ich fühlte mich klein und verloren. Plötzlich spürte ich, wie ein warmer Strom vom Becken ausgehend meinen Körper hochstieg. Damit verbunden breitete sich eine Art innere Kraft in mir aus, und mit einer mir unbekannten Stimme schossen die Worte aus mir heraus: ICH BIN!!!!

Danach war es still – da war nichts mehr – eine Art Vakuum. Es war alles gesagt, gefühlt, getan.

Ich weiß nicht, wie lange ich dort am Wasser stand. Irgendwann ging ich zurück zum Seminarhaus.

Ich fühlte mich wie beseelt – ja, bessere Worte kann ich nicht dafür finden. Wir setzten uns wieder in Zweiergruppen zusammen. Weder mein Partner noch ich sprachen ein Wort. Wir schauten uns an, schauten durch uns durch, in uns hinein, verschmolzen zu einem Wesen, zum Raum … dann saß wieder jeder ganz für sich allein, verbunden in einem Raum des Friedens, der Freude, der Liebe und der Kraft. Dieser innere Raum verließ mich über viele Monate nicht mehr. Manchmal war er stärker spürbar, dann schien es, als zöge er sich wieder etwas zurück, verändere seine Qualität.

Es ist nicht leicht, Worte für einen solchen heiligen Moment zu finden. Heute, mehr als 20 Jahre später, ist da noch die Erinnerung. Aber diese Erinnerung hat sich eingraviert und ist abrufbar. Sie kann, wie jede tiefe Erinnerung, bis zu einem gewissen Grad wieder ins Bewusstsein geholt werden. Heute weiß ich, dass nicht dieser ›Raum‹, sondern ich selbst es bin, die sich durch unbewusste Gewohnheitsmuster im Alltag innerlich abtrennt. Noch bedeutsamer jedoch ist für mich die Tatsache, dass die direkte Erfahrung mein Leben radikal verändert und mir die Kraft für einen kompletten Neuanfang geschenkt hat.«

Übung: Wer bin ich?

Wenn Sie wütend sind und sich fragen: Wer ist wütend?, indem Sie versuchen, denjenigen in Ihrem Bewusstsein zu finden, der dies empfindet, wird möglicherweise Ihre erste Regung sein: »*Ich* bin wütend.«

Suchen Sie nach diesem ICH. Vielleicht stellen Sie fest, dass es zwar die Emotion Wut gibt, aber letztendlich kein ICH. Dies mag paradox klingen, aber probieren Sie es aus, ohne sich unter Leistungsdruck zu setzen. Werden Sie zum Beobachter dieses Geschehens.

Möglicherweise können Sie die Wut wahrnehmen, ohne von den entsprechenden Gefühlen überwältigt zu werden.

Verschieben Sie Ihre Aufmerksamkeit weg von den Gedanken und Gefühlen und werden Sie zum Beobachter. Wenn Ihnen dies gelingt, wird es stiller in Ihnen. Was sich anfangs noch wie eine Idee von Einheit anfüllt, wird sich – wenn Sie intensiv an der obigen Frage dranbleiben – immer mehr verdichten, bis es eine direkte Erfahrung werden kann. So wie es Daniele im obigen Bericht passiert ist. Es scheint ein Paradox zu sein: Je tiefer Sie in Ihr Bewusstsein vordringen und je mehr Ihre Ratio mit all ihren

Vorstellungen und Meinungen in den Hintergrund tritt, desto wahrscheinlicher werden Sie Ihr reines Bewusstsein erfahren. Dringen Sie zu diesen tieferen Bewusstseinsebenen vor, in denen Sie sich vom ICH lösen, dann können Sie auch erkennen, wie sehr Sie mit bestimmten Inhalten des Alltagsbewusstseins identifiziert sind.

Unser persönliches Energiefeld

Man wird nicht erleuchtet,
indem man sich Licht-Figuren vorstellt,
sondern durch das Bewusstsein über die Dunkelheit.
Die letztere Variante ist jedoch unangenehm
und daher nicht sehr populär.

CARL GUSTAV JUNG

Auf der energetischen Ebene liegt unserem ICH ein Energiefeld zugrunde, das mit unserer Zeugung und in den ersten Lebensjahren entsteht und bestimmt, wie wir erleben. Ich stelle die zwei Grundformen der Energiefelder dar: das Liebesenergiefeld und das Ablehnungs-Angst-Energiefeld. Wir können dieses Energiefeld mit einem Acker vergleichen, auf dem bereits vor unserer Geburt erste Samen gesät werden.

Das Liebesenergiefeld

Wenn ein Mensch aus Liebe gezeugt wurde, die Eltern sich in der Schwangerschaft auf das Kind gefreut haben und es mit Liebe empfangen wurde, wird dieser Mensch wahrscheinlich ein Grundvertrauen in sich selbst und in das Leben haben. Das soll nicht heißen, dass Menschen, die geliebt werden, nicht auch schwierige Gefühle oder Krisen kennen. Aber stehen einem Menschen in den ersten Jahren liebende Eltern und Bezugspersonen zur Seite, werden wahrscheinlich einige der exemplarisch folgenden Qualitäten auf dem Energiefeld dieses Menschen gesät, die ihm helfen, mit Belastungen besser und gelassener umzugehen. Und diese Menschen werden wahrscheinlicher eher in sich ruhen.

- Liebe
- Zuversicht
- Hoffnung
- Freude
- Unbekümmertheit
- Grundvertrauen
- Neugierde
- Offenheit
- Unternehmungslust
- Körper-Geist-Verbundenheit
- Interesse
- Intuition
- Verbundenheit mit allem und allen

- Selbstsicherheit
- Geborgenheit

Das Ablehnungs-Angst-Energiefeld

Haben wir die ersten Lebensjahre in einem Klima von Unsicherheit, Gewalt und/oder Ablehnung verbracht, so kann die Basis für unser heutiges Erleben eine Ablehnungs-Angst-Struktur bilden. Folgende Energien könnten dieses Feld vordergründig prägen:

- Angst
- Wut
- Ärger
- Unsicherheit
- Neid
- Eifersucht
- Misstrauen
- Eingeschüchtertsein
- Verschlossenheit
- Feigheit
- Körper-Geist-Trennung
- Irritierbarkeit
- Einsamkeit

Auch wenn Sie Ihr eigenes Energiefeld nicht gegen ein anderes austauschen können, so können Sie schon heute damit beginnen, neue Samen zu säen: Samen der Freude, des Selbstmitgefühls, der Liebe, der Zuversicht, der Dankbarkeit, des Mitgefühls, der Geduld oder des Vertrauens. Der Dalai Lama wird nicht müde zu betonen, dass diese Qualitäten in uns angelegt sind, aber dass wir sie kultivieren müssen.

Im Vergleich zu Menschen, die ein Liebesfeld als Grundlage haben, werden Sie allerdings mehr Zeit für die Kultivierung der positiven Gefühle aufbringen müssen. So kann es zum Beispiel Situationen geben, denen Menschen mit einem Liebesfeld relativ gelassen begegnen. Ein Mensch mit einem Ablehnungs-Angst-Feld wird möglicherweise in der gleichen Situation viel eher aus der Bahn geworfen oder die Fassung verlieren. Ein solcher Mensch wird mehr dafür tun müssen, sich selbst zu stabilisieren und zu beruhigen, als ein Mensch, der Ruhe und Zuwendung bereits mit der Muttermilch aufgesogen hat. Diese Zusammenhänge zu erkennen, kann eine sehr heilende Wirkung haben und Ihnen das Gefühl nehmen, dass Sie etwas falsch machen.

Das eigene Energiefeld zu kennen, ist für den spirituellen Weg wichtig. Menschen mit einem Ablehnungs-Angst-Feld können wenig Boden unter den Füßen haben und dadurch schlechter geerdet sein. Es kann sein, dass sie sich als Kind vom eigenen Körper abgespalten haben und sich als Erwachsene in transpersonale Bewusstseinsebenen flüchten. Eine transpersonale Erfahrung bringt aber auch einen Zustand von Offenheit, der sich von dem Gefühl der Sicherheit im Bereich des Alltagsbewusstseins deutlich unterscheidet. Paradoxerweise kann es sich für einige Menschen sogar sicherer anfühlen, an vertrauten Orten des

Alltagsbewusstseins verloren zu gehen. Selbst dann, wenn die Empfindungen, Gedanken und Gefühle von mangelnder Fürsorge oder sogar Missbrauch geprägt sind – diese Zustände sind schlicht und einfach bekannt.

Das mag sarkastisch klingen, rührt aber daher, dass transpersonale Erfahrung oder das nonduale Bewusstsein und der damit einhergehende Zustand von Unsicherheit und Freiheit für manche Menschen sehr beängstigend sein kann, da er vollkommen neu ist. Auch das Gefühl von innerer Freiheit kann Menschen abschrecken, da es mehr Verantwortung fordert: Je achtsamer wir werden, desto mehr erkennen wir, dass wir vollkommen für unser Denken und Handeln verantwortlich sind und kein anderer unser Glück bestimmen kann. Mit anderen Worten: Sie werden erkennen, dass es einzig und allein an Ihnen liegt, ob Sie Ihr eigenes Energiefeld mit Salz nähren oder mit Liebe begießen. Je besser Sie Ihr eigenes Feld kennen, desto geerdeter und wohler werden Sie sich mit sich selbst fühlen.

———————————

Übung: Das eigene Feld zeichnen

Beleuchten Sie nun in einer achtsamen, das heißt in einer offenen und wertfreien Haltung, Ihre eigene Kindheit. Versuchen Sie, sich an die Gefühle zu erinnern, die in den ersten Jahren Ihres irdischen Daseins im Vordergrund standen.

Nehmen Sie ein größeres Blatt Papier und schreiben
Sie die entsprechenden Qualitäten auf. Wenn Sie etwas
kreativer werden wollen, können Sie sich jede einzelne
Qualität als Blume oder Pflanze vorstellen und zeichnen. Möglicherweise ist Ihr Acker ein Mischfeld aus
verschiedenen Energien oder auch ein Feld, auf dem
vor allem Blumen aus Samen von Liebe und Zuversicht
gediehen. Vielleicht sehen Sie aber auch ein Feld, in
dem viele Angstsamen gesät wurden.

Lassen Sie sich ruhig Zeit mit der Anfertigung der
Skizze und nehmen Sie jedes Mal drei bewusste Atemzüge, nachdem Sie Ihre Pflanzen oder Blumen benannt
haben. Versuchen Sie, bei der Anfertigung nichts
wegzulassen und nichts hinzuzufügen, was nicht der
Realität entspricht.

In einem zweiten Schritt können Sie sich überlegen,
welche Qualitäten Sie gerne in Ihr Leben holen
würden. Wünschen Sie sich mehr Ruhe? Mehr Selbstmitgefühl? Mehr Liebe? Zeichnen Sie diese Qualitäten
als Blume oder schreiben Sie die Qualitäten auf und
richten Sie Ihre Aufmerksamkeit darauf, mehr davon
in Ihr Leben einzuladen.

Das Paradox des Tuns und des Seins

Vielleicht werden Sie sich wundern, dass Sie sich um Ihr Energiefeld kümmern sollen. Sollten Sie nicht alles loslassen? Hatte ich Ihnen nicht erst vor ein paar Seiten erklärt, dass es darum geht, sich nicht mehr länger mit Gefühlen zu identifizieren? Und jetzt sollen Sie auch noch neue Samen säen. Damit sind wir wieder beim Paradox! Auf der Ebene des reinen Gewahrseins sind wir heil, auf der Ebene des Alltagsbewusstseins werden wir tagtäglich mit unseren Eigenarten, Launen und Schattenseiten konfrontiert. Der Zen-Lehrer Suzuki Roshi drückt es so aus: »Wir sind vollkommen und es gibt immer noch genug zu tun.«

Wir sind vollkommen, so wie wir sind. Auf der anderen Seite sind wir auch das Alltagsbewusstsein, haben ein ICH mit Verletzungen und wir tun gut daran, eine Verbindung zwischen diesen beiden Ebenen zu bauen und das reine Gewahrsein immer im Auge zu behalten. Wenn wir versuchen, die Verbindung zum reinen Gewahrsein aufzubauen und möglicherweise zu vertiefen, können wir einen Perspektivenwechsel vornehmen. Unser Blick wird sich nicht mehr nur ausschließlich auf das richten, was uns verletzt hat, sondern auf das, was uns heil sein lässt.

Das, was heil ist

Vor einigen Jahren kam eine Frau zu mir, deren Mann sie betrogen und der sich wegen einer jüngeren Frau von ihr getrennt hatte. Ich war ihr als Meditationslehrerin empfohlen worden und sie wollte einen MBSR-Kurs machen. Ich konnte beim Vorgespräch trotz ihres tiefen Schmerzes deutlich ihr reines Gewahrsein spüren. Ich sagte ihr, dass sie nicht nur die verletzte Frau ist, sondern dass es etwas in ihr gibt, das sehr schön und heil ist – wie ein Kunstwerk. Um besser zu verstehen, was ich meinte, las ich ihr eine Geschichte über Michelangelo vor, die ich in jedem Kurs vorlese: Michelangelo ging in Florenz spazieren und kam an einem Geschäft für Steinblöcke vorbei. Er schaute sich die Stein-blöcke auf dem Hof an und entschied sich für einen bestimmten: »Diesen Block will ich kaufen.« Der Marmorhändler erwiderte: »Dieser Block ist nicht gut, er hat zu viel Maserung. Den kann ich nicht empfehlen.« Michelangelo bestand aber darauf: »Nein, genau den will ich haben! Ich komme hinterher vorbei und zeige dir, was daraus geworden ist.«

Aus diesem Marmorblock schuf Michelangelo die Pietà, jene wunderschöne Skulptur, die heute im Petersdom in Rom steht. Sie zeigt Mutter Maria mit dem toten Jesus in den Armen und ist ein unglaubliches Kunstwerk, das einen nicht unberührt lässt. Michelangelo zeigte die Pietà dem Steinhändler, der überrascht fragte: »Aus diesem Block hast du sie gemacht?« Michelangelo erwiderte dem Steinmetz: »Nein, ich habe sie nicht gemacht. Sie war die ganze Zeit schon darin. Ich habe nur alles entfernt, was nicht dazugehörte.«

Die Frau war sehr berührt und irritiert gleichzeitig. Als sie von mir wegging, suchte sie nach der Pietà in sich. Zuerst fand sie das Kunstwerk nicht, aber dann erkannte sie, dass es unter all den Schichten der Verletzungen etwas gibt, was sie ausmacht. Etwas ganz Besonderes, schwer in Worte zu fassen, aber es war etwas, das sich deutlich von ihr als verletzter Person unterschied und heil und wunderschön war. Gleichzeitig wusste sie, dass sie viel innere Arbeit zu tun hatte, um sich von den tiefen Verletzungen, die ihr Mann ihr angetan hatte, zu erholen. Aber der Unterschied war jetzt, dass sie sich mit diesem heilen Teil in Momenten verbinden konnte, in denen der Schmerz der Trauer sie zu überwältigen schien. Sie erinnerte sich daran, dass sie viel mehr war als dieser Schmerz, und dieses Gefühl machte es ihr erträglicher, durch diese Krise zu gehen.

Auf dem Weg des Erwachens ist es immer wieder wichtig, sich liebevoll den eigenen Verletzungen zuzuwenden. Denn leider werden wir alte Erfahrungen und traumatische Erlebnisse nicht einfach löschen können, selbst wenn wir uns noch so bemühen. Diese »Entfernen«-Taste im Bewusstsein gibt es nicht. Wir können die schädlichen Samen auf unserem Energiefeld nicht in nützliche Samen und auch das Salz unseres Lebens nicht in Zucker verwandeln. Wir können auch die Verletzungen, die wir im Verlaufe unseres Lebens erfahren, nicht auslöschen. Aber wir können daran arbeiten, alte schmerzhafte »Wege« im Gehirn durch neue, freudvolle Pfade zu ersetzen, und uns immer wieder daran erinnern, dass wir mehr sind als unsere Biografie. Wir können innehalten und unser Augenmerk auf das richten, was schön ist und uns nährt. Tun wir dies nicht, rasen wir automatisch die eingefahrenen neuronalen Bahnen im Gehirn entlang und verpassen die Abfahrt Richtung Entspannung und inneren Frieden.

Jeder bewusste Atemzug und auch drei bewusste Atemzüge, die auf nährende Qualitäten wie Achtsamkeit, Mitgefühl oder Dankbarkeit oder auf das reine Gewahrsein ausgerichtet sind, führen uns aus der Unbewusstheit zum Erwachen. Manche Menschen brauchen sehr viele bewusste Atemzüge, um sich aus schmerzvollen Erfahrungen zu befreien und inneren Frieden zu finden, andere weniger. Dass wir uns nicht einfach nur in das reine Gewahrsein hinein entspannen können und einfach nur SEIN können, hat seine Gründe. Der Neurowissenschaftler Rick Hanson sagt, dass sich unser Gehirn zwischen uns und das reine Gewahrsein stellt.

Unser Gehirn beeinflusst uns maßgeblich und es tut sich schwer mit der Vergänglichkeit, dass es das Leben nicht kontrollieren und nicht auf die komplexen Gesetze des Kosmos einwirken kann. Da wir Schwierigkeiten haben, diese Gesetzmäßigkeit als Teil des Daseins zu akzeptieren, agieren wir aus den evolutionsgeschichtlich alten Hirnstrukturen des Reptiliengehirns und des limbischen Systems, was zu andauerndem Stress führt. Wir können uns jedoch diese Gesetzmäßigkeiten mithilfe des jüngsten Teils unseres Gehirns, dem reflektierenden Präfrontalkortex, bewusst machen und uns vertrauensvoll in das Leben hinein entspannen. Drei

Atemzüge sind auch hier eine gute Möglichkeit, in den gegenwärtigen Moment zurückzufinden und zu erwachen.

Drei wichtige Werkzeuge

Was letzten Endes bei der Suche
nach Erleuchtung den Erfolg sichert,
das ist nicht irgendeine bestimmte Haltung,
sondern einzig das intensive Verlangen
nach Wahrheit um ihrer selbst willen.

PHILIP KAPLEAU

Aufgrund unserer »archaischen« Hirnstrukturen bedarf es vermehrter Achtsamkeit und immer wieder einer ernsthaften persönlichen Verpflichtung, das eigene Leben in Richtung Erwachen zu lenken. Eine bewusste Ausrichtung des Denkens und Handelns braucht immer wieder eine neue innere Entscheidung, dranzubleiben und wach zu bleiben. Das liegt daran, dass das Negative und Zerstreuende sich ungefragt sehr gern und sehr schnell in den Vordergrund unseres Alltagsbewusstseins schiebt. Deshalb sollten wir häufig innehalten, reflektieren und uns die Denkmuster, Glaubenssätze und Handlungsstränge bewusst machen, die über unser Energiefeld unser Leben bestimmen. Manchmal halten wir das »salzige« Leben für normal und kommen gar nicht auf die Idee, dass ein größerer Behälter uns guttäte, damit wir die Süße des Lebens schmecken können.

Drei, aber natürlich auch 300 Atemzüge in Achtsamkeit säen neue Samen des Mitgefühls, der Geduld, der Zuversicht, der Selbstwertschätzung, der Liebe, der Verbundenheit, des Humors, der Freude und der Dankbarkeit auf unserem Feld und sie sind essenziell, um inneren Frieden zu finden. Drei Atemzüge, achtsam ausgeführt, wässern es mit Süßwasser, anstatt dem Boden mit Salz zu schaden. Solange wir die Achtsamkeit nicht verinnerlicht haben, müssen wir uns tatsächlich immer wieder entscheiden, die negativen Glaubenssätze durch positive zu ersetzen. Jede Zelle unseres Körpers muss davon durchdrungen werden. So nähren wir tiefes Wohlbefinden und Zufriedenheit und schaffen einen Zufluchtsort in uns selbst. Nach und nach werden wir mehr aus dem reinen Gewahrsein heraus leben.

Nehmen Sie sich regelmäßig Zeit für Rückzug, um ein paar kleine, heilsame neue Samen in Ihr Energiefeld zu säen. Meditieren Sie am besten jeden Tag 20 bis 40 Minuten und machen Sie so einen großen Schritt in ein erwachtes Leben. Dadurch werden Sie heilsame Gefühle von Dankbarkeit, Friede, Verbundenheit und Mitgefühl entwickeln und gleichzeitig Ängste abbauen. Wissenschaftliche Studien machen deutlich, dass wir tiefes Glück erfahren können, wenn wir uns mit anderen verbunden fühlen, ganz unabhängig davon, was wir an Schmerzvollem erlebt haben. Diese Studien haben auch gezeigt, dass drei Faktoren eine wichtige Rolle spielen, um durch die Entwicklung dieser Gefühle mehr Zufriedenheit zu erlangen. Diese Faktoren sind:

- Achtsamkeit,
- offenes Gewahrsein und
- Mitgefühl für uns selbst und andere.

Mit Achtsamkeit ist gemeint, möglichst wertfrei und offen allem und allen gegenüber zu sein. Achtsamkeit fragt: »Was erfahre ich jetzt gerade?« Beim Mitgefühl ist die Aufmerksamkeit sich selbst und anderen gegenüber wohlwollend, liebevoll und nicht wertend. Mitgefühl fragt: »Was braucht es jetzt gerade?« Beim offenen Gewahrsein ist die Geisteshaltung wert- und vorurteilsfrei und alles, was auftaucht, darf da sein. Es wird nichts hinzugefügt, nichts weggenommen. Offenes Gewahrsein fragt: »Kannst du dich selbst annehmen in dem Wissen, dass du viel mehr bist als diese momentane Erfahrung?«

Diese drei Werkzeuge ergänzen sich gegenseitig und fördern körperliches und geistiges Wohlbefinden, sowie die Beziehung zu uns selbst und anderen. Sie stärken aber nicht nur das Alltagsbewusstsein, indem durch die innere Ausrichtung neue neuronale Verbindungen entstehen. Achtsamkeit, Mitgefühl und Gewahrsein sorgen auch dafür, dass innere Weite entsteht, der Mensch sich als Teil eines größeren Ganzen erfährt und so mehr und mehr in das Leben vertraut.

Übung: Herzmeditation

Diese Übung kann Sie darin unterstützen, in Kontakt mit Ihrem Herzen zu kommen und Samen der Liebe, des Mitgefühls und der Selbstfürsorge zu säen.

Kommen Sie in eine entspannte Sitzhaltung oder legen Sie sich auf den Rücken. Schließen Sie Ihre Augen, wenn es Ihnen möglich ist, ansonsten lassen Sie Ihre Augen offen.

Atmen Sie dreimal tief durch die Nase ein und durch den Mund aus. Dies wird Ihnen helfen, besser im Moment anzukommen. Wenn Sie mögen, legen Sie eine Hand auf Ihr Herz und eine Hand auf Ihren Unterbauch, am besten auf die nackte Haut. Sie können Ihre Hände auch gerne dorthin legen, wo Berührung beruhigend auf Sie wirkt. Diese Berührung ist auch eine Erinnerung daran, dass Sie sich selbst mit liebevoller Achtsamkeit zuwenden.

Nehmen Sie die Atmung in Ihrem Körper wahr. Spüren Sie, wie der Atem in Ihren Körper einströmt und ihn wieder verlässt. Vielleicht können Sie fühlen, wie Ihr Körper durch die Einatmung genährt wird und wie er bei der Ausatmung entspannt. Lassen Sie die Ausatmung für drei Atemzüge etwas länger werden. Nun lassen Sie zu, dass Ihr Körper Sie atmet. Sie brauchen nichts zu tun. Seien Sie einfach da, liebevoll und achtsam.

Richten Sie Ihre Aufmerksamkeit auf Ihr Herz und
lenken Sie Ihre Atmung dorthin. Nehmen Sie wahr,
wie der Atem ein- und wieder ausströmt. Ein. Und aus.
Vielleicht können Sie sich Ihrem Herzen so zuwenden,
wie Sie sich einem kleinen Kind, einer guten Freundin
oder einem guten Freund zuwenden würden.

Nehmen Sie wahr, wie der Atem den ganzen Körper
in einem besänftigenden Rhythmus bewegt. Der Rhythmus kommt und geht wie die Wellen des Ozeans,
Ihr Herz wird von Liebe und Selbstmitgefühl umspült.

Fragen Sie Ihr Herz: »Was wünschst du dir von mir?
Ruhe? Selbstmitgefühl? Achtsamkeit? Entspannung?
Liebe? Verbundenheit? Zeit? Nichtstun? Spaziergänge
in der Natur? Ein Bad? Stille?«

Lassen Sie sich Zeit, bis eine Antwort kommt. Wenn
keine Antwort kommt, dann wiederholen Sie diese
Übung zu einem späteren Zeitpunkt.

Atmen Sie drei Atemzüge in Ihren Herzenswunsch
hinein. So könnte ein Herzenswunsch zum Beispiel
lauten: »Ich atme Selbstmitgefühl ein.«

Erlauben Sie dem Atem, Ihren Körper sanft zu
wiegen und zu umsorgen, während Sie mit Ihrem
Herzen im Dialog sind. Verweilen Sie hier für drei
tiefe Atemzüge.

Weiten Sie nun Ihre Aufmerksamkeit und lassen Sie sie für drei oder mehr achtsame Atemzüge so weit werden wie das Blau des Himmels. Kehren Sie dann mit einem tiefen Atemzug wieder zurück in den Alltag.

Wiederholen Sie diese Meditation, wann immer Sie daran denken, und nehmen Sie sich Zeit für Ihr Herz. Integrieren Sie Ihre Herzenswünsche nach und nach in Ihren Alltag. Geben Sie Ihrem Herzen, was es sich wünscht.

Mit der folgenden Übung, der Metta-Meditation, säen Sie nicht nur Samen für Ihr eigenes Feld, sondern können auch Ihre Beziehungen heilen. Meditationen des Mitgefühls sind ein wichtiger Schritt auf dem Weg des Erwachens aus der Ichbezogenheit heraus hin zu einer Wir-Erfahrung der Verbundenheit. Regelmäßig ausgeführt, öffnet sich durch diese Meditation eine Türe zu unserem transpersonalen Bewusstsein.

Übrigens ist die Metta-Meditation eine der ältesten und wichtigsten buddhistischen Meditationspraktiken, die weltweit angewandt wird. Es ist ein schöner Gedanke, dass viele Menschen Metta praktizieren, vielleicht sogar in dem Moment, in dem ich es selbst tue.

Diese Meditation beginnt damit, dass wir uns selbst Mitgefühl schicken. Viele Menschen vergessen sich selbst im liebevollen Dienst für andere. Das hängt damit zusammen, dass es uns im Allgemeinen sehr schwerfällt, uns in den Fokus zu stellen und uns selbst Mitgefühl zu schenken. Viele verwechseln dies mit Egoismus, dabei ist es essenziell, um eine gesunde Beziehung zu sich selbst aufzubauen und das Konzept des Mitgefühls wirklich zu verstehen.

Übung: Meditation des Mitgefühls

Finden Sie einen Ort, an dem Sie eine Weile allein und ungestört sind. Dort angekommen, setzen Sie sich in eine bequeme Position. Richten Sie sich behaglich ein in dem Wissen, dass Sie nichts leisten müssen, als »nur« Mitgefühl für sich selbst und andere zu empfinden.

Öffnen Sie Ihr Herz, richten Sie Ihre Aufmerksamkeit auf sich selbst und wiederholen Sie still folgende Sätze: »Möge ich frei sein von Schmerz. Möge ich frei sein von Kummer. Möge ich frei sein von Gefahr.«

Sollte es Ihnen schwerfallen, sich selbst mit den Augen der Liebe zu betrachten, dann stellen Sie sich vor, wie Sie ein Mensch betrachtet, der Sie liebt oder geliebt hat.

Weiten Sie Ihr Bewusstsein aus und richten Sie die Aufmerksamkeit auf einen Menschen, den Sie lieben. Wünschen Sie ihm oder ihr: »Mögest du frei sein von

Schmerz. Mögest du frei sein von Kummer. Mögest du frei sein von Gefahr.«

Dehnen Sie Ihr Mitgefühl auf die Natur, also auf Pflanzen, Bäume, Insekten, Tiere, Seen und Berge, aus. Wie Sie selbst will auch die Natur nicht leiden. Wünschen Sie ihr Gutes, indem Sie wiederholen: »Mögest du frei sein von Schmerz. Mögest du frei sein von Kummer. Mögest du frei sein von Gefahr.«

Wenn es Ihnen möglich ist, öffnen Sie Ihr Herz noch ein bisschen mehr und weiten Sie Ihr Bewusstsein auf Menschen aus, denen Sie im Alltag begegnen, aber die Sie nicht persönlich kennen und zu denen Sie keine emotionale Beziehung haben: auf den Verkäufer im Bioladen, im Supermarkt, die Kassiererin an der Tankstelle. Wünschen Sie auch ihnen alles Gute: »Mögest du frei sein von Schmerz. Mögest du frei sein von Kummer. Mögest du frei sein von Gefahr.«

Bringen Sie dann Ihr Mitgefühl den Menschen entgegen, mit denen Sie eine Krise haben, oder jemandem, der oder die Sie verletzt hat. Wünschen Sie auch ihm oder ihr Gutes: »Mögest du frei sein von Schmerz. Mögest du frei sein von Kummer. Mögest du frei sein von Gefahr.«

Öffnen Sie Ihr Herz noch ein bisschen mehr und schicken Sie Menschen Mitgefühl, die bereits verstorben sind, und wünschen Sie ihm oder ihr ebenfalls das Beste: »Möge deine Seele frei sein von Schmerz. Möge deine Seele frei sein von Kummer. Möge deine Seele frei sein von Gefahr.«

Weiten Sie abschließend Ihr Mitgefühl für alle Wesen, die bereits da waren, da sind oder noch kommen werden, mit dem Wunsch: »Mögen alle Wesen frei sein von Schmerz. Mögen alle Wesen frei sein von Kummer. Mögen alle Wesen frei sein von Gefahr.«

Machen Sie diese Übung so häufig wie möglich. Dann werden Sie in das transpersonale Bewusstsein hinein erwachen und erkennen, dass alles miteinander verbunden ist.

Variation: Meditation des Mitgefühls

Sie können allen Menschen und Wesen jederzeit Mitgefühl schicken. Wie wäre es, wenn Sie morgens, bevor Sie die erste Tasse Tee oder Kaffee trinken, drei achtsame Atemzüge nehmen und ganz bewusst allen Menschen, die daran beteiligt waren, dass der Tee oder Kaffee jetzt in Ihrer Tasse ist, Mitgefühl schicken? Inklusiv dem Töpfer, der sie geformt hat, und dem Installateur, der die Wasserleitungen gelegt hat, damit Sie jetzt Wasser haben. Natürlich können Sie auch all die Menschen einbeziehen, die dafür gesorgt haben, dass Sie Strom haben, im Trockenen sitzen etc.

DAS
TRANS-PERSONALE
BEWUSSTSEIN

Das transpersonale Bewusstsein ist endlos,
da es sich über die Grenzen
von Raum und Zeit hinaus erstreckt.
Diese Dimension zu erfassen,
stellt für unseren Alltagsverstand
eine ebensolche Herausforderung dar,
wie in einer sternklaren Nacht
im Freien zu liegen
und zu versuchen,
die Breite und Höhe des riesigen,
unergründlichen Raumes zu begreifen,
in dem die Himmelskörper wohnen.

STANISLAV GROF

ÖFFNEN FÜR DAS
UNSICHTBARE

Das transpersonale Bewusstsein wird auch als supra-consciousness, cosmic-consciousness, Speicherbewusstsein oder Überbewusstsein bezeichnet. Es wird gespeist aus dem ozeangleichen, individuellen und kollektiven Unbewusstsein. Der individuelle Aspekt beinhaltet sämtliche Muster aus der Vergangenheit eines einzelnen Menschen. In der universellen Dimension finden sich alle kollektiven Erinnerungen, Bilder und Wünsche. Ein buddhistischer Meister, der dem Kaiser von China die alles umfassende Natur dieses Bewusstseins erklären wollte, ließ dafür eigens einen Pavillon errichten, in dem zwölf Wände waren. Er bedeckte sämtliche Wände mit Spiegeln. Als er dem Kaiser den Raum zeigte, machte der Meister die Kerze an und ihr Bild brach sich in diesen Spiegeln tausendfach. Der Meister erklärte ihm, dass der Kaiser nun sehen könne, wie das Eine zum Vielen wird. Als er dann einen Kristall mit tausend Facetten unter die Kerze hängte und sie dem Kaiser zeigte, konnte dieser erkennen, wie sich in den kleinsten Kristallflächen die tausend Kerzenbilder spiegelten und wie die vielen Bilder zu einem verschmolzen.

Durch meine eigene Erfahrung einer solchen Grenzauflösung, die ich in Indien auf der Backwater-Tour gemacht hatte, hatte ich das Gefühl, als hätte sich meine Sicht auf die Welt von einem Moment auf den anderen vollkommen verändert. Plötzlich fühlte ich mich nicht mehr vom Leben getrennt. Es war, als hätte sich die Türe zu meinem transpersonalen Bewusstsein wieder geöffnet und ich sah den Reichtum der inneren Welten wieder. Rabbi Nachman von Brazlar beschreibt es in Willigis Jägers Buch *Suche nach dem Sinn des Lebens* mit folgenden Worten: »Wie die vor das Auge gehaltene Hand den größten Berg verdeckt, so verdeckt das kleine irdische Leben die Sicht auf die mannigfaltigen Lichter und Wunder, an denen die Welt reich ist, und wer es vor seinen Augen fortziehen vermag, wie man eine Hand fortzieht, erblickt den mächtigen Glanz innerer Welten.«

Auch einige Menschen, die ich getroffen habe, fühlen sich tief berührt von diesen Erfahrungen der Alleinheit. Ich habe einige ihrer Berichte hier gesammelt und möchte Sie auf den folgenden Seiten mit Ihnen teilen – ebenso wie ein paar Erfahrungen, die ich selbst beisteuern kann. Übrigens stammen sie von »ganz normalen« Menschen, die mitten im Leben stehen, einer Arbeit nachgehen und/oder Kinder und Familie haben.

Wandern zwischen den Welten

*Maria, eine Kursteilnehmerin, erzählte mir folgende Geschichte:
Als ich Anfang 30 war, habe ich während einer dreiwöchigen
Pilgerreise auf dem Jakobsweg eine Erfahrung gemacht, bei der ich
mich vollkommen eins fühlte mit der Natur und allen Wesen, die
darin leben. Die Erfahrung passierte, als ich einen Regentropfen
betrachtete, der an einem Blatt hing. Die Sonne brach sich in ihm
und plötzlich sah ich das ganze Universum in diesem einen Regentropfen. Ich hatte solche Erfahrungen als Kind öfters gemacht, aber
ich hatte die Türe zu meinem transpersonalen Bewusstsein als
Kind verschlossen, weil meine Eltern selbst keinen Zugang dazu
hatten und mir nicht glaubten, wenn ich ihnen davon erzählte.
Je länger die Türe zu war, desto weniger konnte ich diese Sehnsucht benennen. Ich machte mich auf die Suche, ohne genau zu
wissen, wonach: Ich suchte in Tagträumen, in Drogen, in fernen
Ländern und anderen Menschen nach der Einheit und fand sie
manchmal kurzfristig, manchmal längerfristig. Aber es war nie
dieses tiefe Gefühl der Erfülltheit, wie ich es als Kind erlebt hatte.
Ich suchte im Außen nach etwas, was tief in mir selbst verborgen war. Damals auf dem Jakobsweg öffnete sich die Türe wieder
und ich war so glücklich, dass ich den ganzen Nachmittag über
weinen musste. Endlich war sie wieder offen, diese Türe.*

NEUE BEWUSSTSEINSRÄUME
BETRETEN

Manchmal hörst du eine Stimme durch die Tür,
die dich ruft.
Wie ein Fisch auf dem Trockenen
die Wellen hört …
Komm zurück. Komm zurück.
Diese Wendung hin zu dem,
was du zutiefst liebst,
rettet dich.

RUMI

Die transpersonale Ebene hält ein breites Spektrum an Erfahrungen bereit. Der Schweizer Psychiater Carl Gustav Jung war einer der ersten Wissenschaftler aus dem Westen, der Erfahrungen auf dieser Ebene nicht abgetan hat, sondern einige Aspekte davon genauer unter die Lupe nahm. C. G. Jung war jahrelang Schüler von Sigmund Freud und arbeitete mit ihm an der Entwicklung der Psychoanalyse. Jung, der sich für östliche Religionen und Philosophien interessierte, erkannte die tiefen Bewusstseinsschichten und Zusammenhänge zwischen dem Menschen, der Natur und dem Kosmos, die sich auf dieser Ebene besonders stark ausdrücken. Jung ging davon aus, dass wir alle die gleichen fernen Vorfahren haben und deswegen auch dasselbe Erinnerungsmaterial im kollektiven Unbewussten besitzen.

Wenn das ICH-gesteuerte Alltagsbewusstsein die lineare Zeit überschreitet, betreten wir den Raum des WIR-Erlebens, und diese Erfahrung schiebt sich in den Vordergrund. Diese Ebene beinhaltet aber auch vieles, was mit unserem ICH zu tun hat, wie zum Beispiel das ICH unserer Ahnen. Denn unser ICH wurde bereits lange vor unserer Geburt und ja sogar weit vor unserer Zeugung angelegt. Unser ICH ist untrennbar verbunden mit dem Leben unserer Eltern und unserer Ahnen. Über manche ihrer Erfahrungen haben unsere Vorfahren möglicherweise nie gesprochen, und trotzdem wirken sie bis heute und somit auch auf uns. Wenn wir für das Alltagsbewusstseins das Bild einer Espressotasse verwendet haben, so können wir beim trans-personalen Bewusstsein zum Bild eines großen Sees wechseln. Das Salz, das sich in der kleinen Espressotasse befand, verteilt sich hier auf den ganzen See.

Hier können wir auch solche Bewusstseinsräume betreten, die jenseits der sinnlichen Wahrnehmung und des Verstandes liegen. Wer solche Erfahrungen macht, kann anfangs vollkommen überwältigt sein, weil diese Erlebnisse sich über weite geschichtliche Zeiträume erstrecken können, die über die Biografie des Einzelnen hinausgehen.

Eine Reise durch Raum und Zeit

Als ich selbst vor vielen Jahren mit meiner Schwester durch Mexiko reiste, besuchten wir an einem Nachmittag Palenque, einen sehr kraftvollen Ort mit vielen Mayatempeln. Da sich dort um diese Zeit viele Touristen tummelten, entschieden wir uns, am nächsten Morgen um sieben Uhr zurückzukommen. Als wir auf dem Platz eintrafen, war es sehr still. Wir wurden wie magisch von einem großen Standbild angezogen, auf dem eine Mayagottheit zu sehen war. Von einem Moment auf den anderen fühlten wir uns, als würde sich eine Tür in eine andere Zeit öffnen. Wir erkannten unabhängig voneinander, dass wir beide vor langer Zeit dort gelebt hatten. Dieser Zustand dauerte gut eine halbe Stunde an. Plötzlich kam eine Touristengruppe auf den Platz und es war, als hätte sich mit ihrem Erscheinen die Türe zu dieser anderen Zeit wieder geschlossen.

Auf dieser Ebene kann es passieren, dass uns Wesenheiten begegnen, wir mit Ahnen in Kontakt treten oder wir Phänomene wie Hellsichtigkeit oder Telepathie erleben.

Diese Stufe kann wiederum in zwei Ebenen unterteilt werden:

- Die **feinstoffliche Ebene,** auf der parapsychologische Erscheinungen auftreten können, Visionen, Propheterie und Sprachengabe erlebt werden.
- Die **kausale Ebene** macht Einheitserfahrungen mit religiösen Objekten wie dem personalen Gott, Purusha, Brahman, Jahwe und Allah möglich.

Im Allgemeinen ist das Bewusstsein auf ein Übergeordnetes und Übergreifendes gerichtet. Wenn wir uns dieser

Ebene öffnen, ist es, als wenn wir jahrelang in einem kleinen, dunklen Raum gelebt und den Raum nur mithilfe des Lichtkegels einer kleinen Taschenlampe wahrgenommen hätten. Durch Erfahrungen wie Telepathie, Synchronizität, Hellsichtigkeit und Kundalini-Energie merken wir, dass Bäume sprechen können, Tiere uns Botschaften mitteilen und wir über feinstoffliche Energien mit anderen Menschen aufs Engste verbunden sind. Wir können in Kontakt kommen mit einem tiefen Gefühl der bedingungslosen Liebe, einer alles durchdringenden Energie, einer göttlichen Kraft und einem starken Gefühl der Verbundenheit.

Wir können auch berührt werden von tiefen Gefühlen der Glückseligkeit, Zufriedenheit, Dankbarkeit und dem Wissen, dass alles, was ist und passiert, einem übergeordneten Plan unterliegt. Um uns immer wieder für diesen Teil in uns zu öffnen, brauchen wir nur die Aufmerksamkeit von unseren Gefühlen, Gedanken und Körperempfindungen auf eine energetische Verbindung mit allen Wesen zu lenken.

Das große Ganze erkennen

Torsten war ein 25-jähriger Mann, der an meinen Achtsamkeitstagen teilnahm. Er war sehr kräftig, wirkte aber unsicher. Für mich hatte er etwas ganz Besonderes und er kam mir vor wie ein ungeschliffener Juwel, der einen tiefen Zugang zu seinem reinen Gewahrsein entwickeln könnte, wenn er sich auf die entsprechende Begleitung einlassen würde. Nach einer Medita-

tion sprach ich ihn an und sagte: »Du hast so ein wunderschönes inneres Strahlen! Bring dein Licht zum Strahlen.«

Er erzählte mir, dass er einen ganz natürlichen Zugang zu Tieren und zur Natur habe, sich sehr verbunden mit ihnen fühle, mit ihnen reden könne. Allerdings arbeite er auf dem Bau. Er war bei Eltern aufgewachsen, die ihn nicht sonderlich gefördert hatten, sodass er die Schule abgebrochen und viel Alkohol getrunken hatte und auf der Suche war. Er hatte die Achtsamkeitstage »zufällig« gewonnen.

Ich schilderte ihm, dass ich sehr davon überzeugt sei, dass er diese Gabe, mit Tieren zu kommunizieren, nicht umsonst bekommen hätte. Ich motivierte ihn, sich weiterzubilden und seine Zeit nicht auf dem Bau und mit Alkohol zu vertun. Ich sagte ihm: »Ich glaube an dich und daran, dass deine Begabung wirklich außergewöhnlich ist!«

Fünf Jahre später schrieb er mir, dass unsere Begegnung für ihn wegweisend gewesen wäre. Er holte sein Abitur nach und machte Aus- und Fortbildungen im Bereich der Tierkommunikation. Er begann mehr und mehr, sich von seiner Identifikation als ungeliebter Junge zu lösen, und erkannte, dass er mit seiner Gabe vielen Tieren und ihren Besitzern helfen konnte.

Übung: Das Band spüren

Nehmen Sie eine bequeme Sitzhaltung ein, schließen Sie
die Augen.

Stellen Sie sich vor, dass Sie mit den Menschen, die
Sie lieben, durch ein feinstoffliches Band verbunden
sind. Dies können Sie sich auch mit Tieren oder Kraftorten vorstellen.

Verweilen Sie in dem Wissen, dass alles miteinander
verbunden ist.

Manchmal kann es etwas dauern, bis diese Verbindung
hergestellt ist, aber probieren Sie es immer wieder.

Wenn Sie sich dieses Band nicht so gut vorstellen
können, dann versuchen Sie, es zu fühlen. Lassen Sie
sich Zeit und probieren Sie es immer wieder aus.

―――――――――

FACETTEN DES TRANSPERSONALEN BEWUSSTSEINS

Traditionellen Schamanen ist es neben anderen Bewusstseinsforschern zu verdanken, dass wir heute so umfassende Einblicke in das transpersonale Bewusstsein haben. Das transpersonale Bewusstsein zeichnet sich wie das Alltagsbewusstsein durch bestimmte Charakteristika aus, die im Folgenden beschrieben werden.

- Fetale und embryonale Erinnerungen
- Ahnen-Erfahrungen
- Kollektive Erfahrungen
- Phylogenetische (evolutionäre) Erfahrungen
- Überschreitung des Raum-Zeit-Erlebens
- Erfahrungen früherer Inkarnationen
- Präkognition, Hellsehen, Hellhören und Zeitreisen
- Kontakt mit Verstorbenen
- Ich-Transzendenz in zwischenmenschlichen Beziehungen und die Erfahrung der dualen Einheit
- Mediale Erfahrungen
- Erfahrungen der Begegnungen mit übermenschlichen spirituellen Wesenheiten
- Erfahrungen anderer Universen und Begegnungen mit ihren Bewohnern
- Archetypische Erfahrungen und komplexe mythologische Erlebnisabfolgen

- Intuitives Verstehen universaler Symbole
- Aktivierung der Chakras und Erweckung der Kundalini-Energie
- Erfahrung der suprakosmischen Leere

Besonders berührt hat mich in diesem Zusammenhang die folgende Geschichte eines Kursteilnehmers:

Wenn Engel kommen

Ein Freund erzählte mir, dass sein Bruder Karl, ein Ingenieur, mit Spiritualität nicht viel anfangen konnte. Den Glauben an Engel fand er kindisch und war davon überzeugt, dass nur das richtig und real ist, was wissenschaftlich fundiert ist. Das änderte sich jedoch schlagartig mit dem Tod seines Vaters, der zu Hause gestorben war. Karl hatte ihn begleitet und hatte, kurz nachdem das Herz des Vaters aufgehört hatte zu schlagen, kurz den Raum verlassen, in dem er gestorben war. Als er ein paar Minuten später wieder eintrat, sah er zwei Engel am Bett des Vaters stehen. Es sah aus, als wollten sie den Vater abholen. Karl war zutiefst beeindruckt und realisierte, dass es noch viel mehr gibt als das, was er bis dahin für die Wahrheit gehalten hatte.

Es gibt aber auch Erfahrungen, die von den Betreffenden selbst als sehr unangenehm empfunden werden. So können außerkörperliche Erfahrungen spontan auftreten und sich gegen den Willen der betreffenden Person ereignen. Da die moderne Psychiatrie allerdings nicht zwischen mystischen und spirituellen Zuständen auf der einen und geistigen Erkrankungen auf der anderen Seite unterscheidet, werden Menschen, die solche Erfahrungen machen, leichtfertig als psychotisch und behandlungsbedürftig abgestempelt.

Eine weitere transpersonale Erfahrung, die sogenannte duale Einheit, bei der die räumlichen Grenzen überschritten werden, kann die Überschreitung des »hautumkapselten Ichs« (Alan Watts) sein. Hierzu gehören Erfahrungen, bei denen man mit einem anderen Menschen verschmilzt, seine Identität annimmt oder sich mit dem Bewusstsein einer ganzen Gruppe von Menschen identifiziert, wie zum Beispiel der eigenen Ahnen oder Menschen im Konzentrationslager. Hier sei besonders die Arbeit von Bert Hellinger erwähnt, dem Begründer der klassischen Familienaufstellung. Bei seinen Familienaufstellungen können sich die sogenannten Protagonisten während der Aufstellung vollkommen mit der Person, für die sie stellvertretend eingesetzt werden, identifizieren. Dabei kommt es häufig vor, dass die Protagonisten Worte oder Satzwendungen dieser Person verwenden, obwohl sie sie und ihre Eigenarten nicht kennen.

Der kleine Tod des ICH

Lasse kühn los an der Kante des Felsens.
Wirf dich mutig und entschlossen in den Abgrund.
Nur nach dem Tod gewinnst du ein neues Leben.

BOSHAN

Aber selbst wenn die Menschen heute offener für die fein-
stofflicheren Ebenen sind und einen schnelleren Zugang
zum transpersonalen Bewusstsein haben, so bedarf es
immer noch der Bereitschaft, das eigene ICH hinter sich zu
lassen, um eine tiefe Erfahrung auf dieser Ebene zu machen.
Erst wenn wir bereit sind, unser ICH loszulassen, können
wir in tiefere Bewusstseinsräume eintreten. Erst wenn wir
bereit sind, aus der Begrenztheit unserer Konditionierun-
gen heraus zu sterben, können wir zu etwas Größerem auferstehen. Allerdings sträubt sich unser ICH gegen den Prozess des Werdens und Vergehens, gegen das Sterben und
Auferstehen. Es klebt an der Form, dem Alltagsbewusstsein und all den Identifikationen und versucht, diese ein
Leben lang aufrechtzuerhalten. Unser ICH klammert sich
sogar so sehr an die Hülle, an den äußersten Rahmen des
Alltagsbewusstseins, dass es unsere wahre Natur überdeckt
und wir vergessen, wer wir sind.

Öffnen wir uns über spirituelle Techniken, kann es passieren, dass unser Verstand durch die Technik vielleicht so
erschöpft wird, dass das ICH einen kleinen Tod stirbt. Dabei

wird die Dominanz des ICH vielleicht für einen Augenblick so unterbrochen, dass wir für einen Moment alles loslassen, was das ICH normalerweise krampfhaft festhält. Je nach Ausmaß kann dieser Tod einer Initiation gleichkommen, bei der ein Menschen zu einem tieferen Bewusstsein seiner selbst und des Lebens kommt.

Ein kleiner Tod

Während eines Zwölf-Tage-Schweigeretreats hatte ich folgende Erfahrung: Wir stellten wir uns von morgens sechs Uhr bis abends 22 Uhr unentwegt die Frage »Wer bin ich?«. Plötzlich hatte ich das Gefühl, dass diese Frage sich durch alle Seinsschichten bewegte und auf den Grund meines Wesens fiel. Ich bin nichts. Leere. Keine Identifikation mehr. Reines Sein. Mit einem Mal rissen auch viele Identifikationen mit Anteilen ab, die ich für meinen Lebensinhalt gehalten hatte. Sie waren wie weggeblasen. Es war, als wären diese Anteile in mir gestorben. Diese Erfahrung war sehr schmerzvoll. Hatte ich doch 30 Jahre an einem ICH festgehalten, das es nur in meiner Vorstellung gibt. Es dauerte viele Jahre, bis ich diese Erfahrung in ihrer Tiefe integriert hatte.

Sterben und Auferstehen

Manchmal sind es auch tiefe persönliche Krisen physischer oder psychologischer Natur, die einen Menschen mit anderen Bewusstseinsebenen in Kontakt bringen, wie zum Beispiel der Tod eines Partners oder Familienmitglieds, das Ende einer Beziehung, der Verlust des Arbeitsplatzes oder der eigene nahende Tod. Und natürlich können wir auch vor dem realen Tod mit der transpersonalen Ebene in Kontakt kommen.

Ein Wesen wartet

Eine Bekannte hatte ihren Lebensgefährten zu Hause beim Sterben begleitet. Zwei Tage vor seinem Tod meinte er, dass ein Wesen auf einem Stuhl sitzen und ihn unentwegt beobachten würde. Sie fragte ihn, ob es ihm Angst mache, und er meinte nur: »Nein. Ich weiß, dass es gekommen ist, um mich heimzubringen.«

RITUALE DES HEILENS

Während auf der Alltagsebene daran gearbeitet wird, verletzte Aspekte des ICHs und der Biografie zu heilen, finden auf der transpersonalen Ebene Prozesse der Heilung statt, die weit über die biografische Heilung hinausgehen. Unser Leben beginnt nicht mit dem ersten Atemzug und endet nicht mit dem letzten, sondern wir sind eine Seele, die von Leben zu Leben viele Erfahrungen sammelt.

In den letzten Jahren ist in der Biologie der Begriff der Epigenetik, also die Beziehung zwischen Umwelteinflüssen und Genen, in den Vordergrund gerückt, und im Zuge dessen entstanden viele spannende und erstaunliche Studien zu diesem Thema: So konnte nachgewiesen werden, dass Traumata unserer Eltern und weiterer Generationen vor ihnen, sofern unverarbeitet, an uns weitergegeben werden – ebenso wie wir an unsere Kinder unbewältigte Traumata vererben können. Der Filmemacher Sebastian Heinzel beschreibt in seinem Buch *Der Krieg in mir* auf sehr eindrückliche Weise, wie er in wiederkehrenden Träumen mit den Kriegserlebnissen seines Vaters konfrontiert wird. Er machte sich auf den Weg zu erforschen, welchen Einfluss die väterlichen Kriegserlebnisse auf seine Familie hatten. Er erfuhr, dass er selbst von Kriegsplätzen träumte und sich dabei immer wieder auf einem Kriegsfeld wiederfand.

Wenn wir uns über Träume oder Heilungsrituale mit unseren Ahnen verbinden, können wir tiefe Heilung erfahren und aus einem Familientrauma erwachen. Wir lösen uns aus der Starre des Traumas, um unser eigenes Leben zu führen. So kann unsere Seele sich vollkommen zu dem entfalten, was sie ist: reines Gewahrsein.

Die Heilung kann schon darin bestehen, dass wir Antworten auf Fragen finden, die unser Verstand nicht beantworten kann. Oder wir suchen nach einer Lösung, die uns durch ein Ritual zuteilwird. Es kann aber auch sein, dass wir lernen, uns durch Rituale wieder auf unsere wesenhafte Wahrheit zu besinnen: Wir sind auf der transpersonalen Ebene eins, eng verflochten in einem Bewusstsein, das alle Wesen auf dieser Erde miteinander verbindet. So wie uns zum Beispiel Atemübungen auf einer feinstofflichen Ebene zeigen, dass alles miteinander verbunden ist. Viele Erfahrungen, die wir in der Natur machen, schenken uns Antworten, die wir im Alltagstrubel nicht hören. Wir können in Träumen Symbole sehen, die uns einen Weg weisen, in Schwitzhütten mit unseren Geistführern in Kontakt treten, an Kraftorten heilende Energie erfahren, uns mit Bäumen und Pflanzen verbinden und Antworten von ihnen bekommen. So vernehmen wir die eigene weise Stimme und erkennen, was der notwendige nächste Schritt ist. Die Weisheitslehrerin Colette Baron-Reid empfiehlt uns, dass wir durch solche Rituale den »direkten und innigen Dialog mit dem Allgeist wählen, um ganz praktische Ratschläge zu erhalten«.

Sich mit der Natur verbinden

Auf der transpersonalen Ebene kann sich ein Mensch mit dem Bewusstsein von Pflanzen oder Tieren identifizieren und sich mit ihnen verbinden. Im Extremfall kann es zu einer Identifikation mit dem Bewusstsein der ganzen Biosphäre, unseres Planeten oder des ganzen materiellen Universums kommen. Durch solch unmittelbare Erfahrungen beginnen wir zu begreifen, wie tief die Verbindung zwischen uns selbst, anderen Wesen und dem ganzen Universum ist.

Für uns Bewohner der europäischen Industrieländer, die den Verstand über das Herz und die Intuition gestellt haben, ist es mittlerweile schwierig, Kontakt zu Pflanzen und Tieren herzustellen, wie es Naturvölker können. Wir haben verlernt, dass alles, was uns umgibt, Menschen, Tiere, Pflanzen, Gewässer und Gestirne, ebenso wie unser Körper und Geist eine Einheit bilden. Immer mehr Menschen erwachen aber in unserer westlichen Zivilisation in das Bewusstsein hinein, dass sie sich mit der Natur verbinden können, und immer mehr Menschen haben das Bedürfnis, wieder eins zu werden mit der Natur. Der Ethnobotaniker Wolf-Dieter Storl, der renommierte Holzexperte und Förster Erwin Thoma und sein Kollege, der Förster und Bestsellerautor Peter Wohlleben, leisten hier einen wesentlichen Beitrag, indem sie mit ihrer Arbeit anschaulich und pragmatisch in die lebendige und beseelte Welt der Pflanzen und Bäume einführen.

Jeder Mensch kann Kontakt zu diesen Wesen aufnehmen, manchmal reichen schon drei bewusste und tiefe Atemzüge, um in diese Verbindung hinein zu erwachen. Die folgende Übung stammt aus der Schule des Schamanen Don Juan, der in den 1970er- und 1980er-Jahren durch die Bücher von Carlos Castañeda bekannt geworden ist. Die Übungen unterstützen Sie darin, den Kontakt zur Natur wieder neu zu erlernen. Ziel dieser Übungen ist es, feinere Energien wahrzunehmen, die Stimmen der Bäume, Tiere, Pflanzen, Flüsse und Berge zu hören. Die meisten Menschen hören primär auf ihren Verstand. Naturvölker hingegen sind in einem großen Maße darauf angewiesen, die Stimmen der Natur zu hören. Denn im intensiven Kontakt mit ihrer Umwelt zu sein, sichert ihnen das Überleben.

Da die Übungen im Freien durchgeführt werden, eignen sie sich besonders für die warmen Monate des Jahres, aber natürlich können Sie diese Übungen auch im Winter machen. Wann immer Sie sich darauf einlassen, achten Sie auf eine ruhige, entspannte Atmosphäre der Umgebung. Suchen Sie sich einen Park oder ein Stück Natur, in dem Sie sich wohl-, geborgen und am besten unbeobachtet fühlen. Schön wäre es, wenn ein Bach oder Fluss in der Nähe wäre.

Übung: Overload aus den Ohren ziehen

Permanenter Lärm verschlechtert das Langzeitgedächtnis und mindert die Konzentrationsfähigkeit, belegen zahlreiche Studien. Lärm ist Stress, schadet dem körperlichen und seelischen Wohlempfinden und schneidet letztendlich den Kontakt zum transpersonalen Bewusstsein radikal ab. Allerdings ist es in unserer Zeit fast unmöglich, der akustischen Umweltverschmutzung zu entkommen. Schon ab 55 Dezibel werden Stresshormone ausgeschüttet, das Infarktrisiko steigt und das emotionale Wohlergehen wird gesenkt. Zum Vergleich: Der Wecker liefert morgens 80 Dezibel, im Großraumbüro tanken Ihre Ohren 60 und in der Kneipe 85 Dezibel. Abhilfe schafft hier nur Stille. Gönnen Sie sich so oft wie möglich Ruhe, gehen Sie, so oft, wie Sie können, in die Natur und ziehen Sie sich mit der folgenden Übung den Overload aus den Ohren.

Wählen Sie einen stillen Ort, an dem Sie nicht gestört werden können, und stellen Sie am besten Ihr Smartphone aus.

Stehen oder sitzen Sie aufrecht, beide Füße berühren den Boden.

Schließen Sie die Augen und reiben Sie Ihre Handflächen ein paarmal aneinander, sodass die Handflächen heiß werden. Legen Sie die warmen Hände auf Ihre Ohren. Massieren Sie sanft und mit gleichmäßigen Bewegungen Ihre Ohrmuscheln, indem Sie sie achtsam auseinander-, nach oben und anschließend nach unten dehnen, die Ohrläppchen zart drücken und ein paarmal vor und hinter Ihren Ohren entlangstreichen.

Nun ziehen Sie in Ihrer Vorstellung mit Daumen und Zeigefinger lange, schmale Bänder aus den Ohren. Die Bänder sind so lang, wie Sie Ihren persönlichen, akustischen Stress empfinden. Oft sind es richtige Bänderhaufen, manchmal reicht es, nur zwei- bis dreimal zu ziehen. Holen Sie die Bänder aus Ihren Gehörgängen, bis Sie das Gefühl haben, dass Ihr Kopf wieder vollkommen frei ist.

Streichen Sie abschließend noch ein paarmal über Ihre Ohren und machen Sie sich bewusst, dass Sie jetzt wieder hören können, was Ihnen die Natur zu sagen hat.

GRENZEN WAHRNEHMEN

Auf dem Weg des Erwachens sollten wir unseren Weg immer wieder überprüfen und hinterfragen. Es geht nicht darum, sich an den in Trance erlebten Fähigkeiten oder Phänomenen festzuhalten oder sich für etwas Besonderes zu halten, wenn man zum Beispiel hellsehen kann, tiefe Erfahrungen mit den Chakras oder Kontakt zu Ahnen, Wesenheiten oder zur geistigen Welt hat. Ein Geistheiler sagte mir, dass man darauf achten sollte, dass 50 Prozent der Durchsagen in Trance vom eigenen Energiefeld geprägt seien, und das, was man vermittle, niemals die objektive Wahrheit sei. Dies zu beachten, erscheint mir sehr wichtig: Immer wieder erlebe ich, dass hellsichtige Menschen anderen ungefragt sagen, was sie wahrnehmen, oder aber die Aussagen von Medien nur teilweise stimmen.

Die Erfahrungen auf dieser Ebene sind so umfassend und tiefgreifend, dass wir uns mit Menschen austauschen sollten, die uns ein paar Schritte voraus sind. Denn solche Erfahrungen können einem Menschen, der psychisch instabil ist, leicht den Boden unter den Füßen wegziehen.

Eben weil diese Bewusstseinsebene tiefe transformierende Erfahrungen mit sich bringen kann, ist es wichtig, dass man eine gesunde Basis hat, wenn man dort forscht. Es kann Methoden geben, die förderlich für die eigene Transformation sind, andere sind eher hinderlich. Hier eine meiner Erfahrungen zum Thema nicht förderliche Methoden:

Finger weg!

Mich faszinierten psychoaktive Substanzen schon immer. Ich hatte als Jugendliche die Bücher von Carlos Castañeda verschlungen und sie waren ein wesentlicher Grund, weshalb ich Ethnologie studierte. Allerdings erhielt ich verschiedene Hinweise in Form von Träumen oder Durchsagen, die andere Menschen an mich weitergaben, dass ich die Finger von den von Castañeda beschriebenen Substanzen lassen sollte. Trotzdem nahm ich an einer Peyote-Sitzung teil – und es ging mir wirklich schlecht. Jetzt verstand ich, warum mein Weg ein anderer sein sollte.

20 Jahre lang suchte ich diese anderen Wege, um Erfahrungen des transpersonalen Bewusstseins und reinen Gewahrseins zu machen. Vor ein paar Jahren dachte ich, dass es jetzt an der Zeit wäre, Ayahuasca zu nehmen. Ich nahm an einer Sitzung teil und schlief die ganze Nacht. Auch die zweite Nacht verschlief ich, während die anderen im Raum tiefe Erfahrungen machten. In den folgenden Nächten träumte ich dreimal hintereinander, dass ich psychoaktive Substanzen meiden sollte. Meine Seele hat sich andere Wege gesucht und deshalb habe ich zwei Nächte während des Ayahuasca-Rituals durchgeschlafen. Heute bin ich dankbar. Wahrscheinlich hat mich etwas davor geschützt, indem es mich hat schlafen lassen.

Auch wenn schamanische Rituale Licht ins eigene Dunkel bringen können, bleibt es wichtig zu überprüfen, ob man die psychische Disposition für bestimmte Praktiken besitzt. Das Ayahuasca-Ritual, bei dem eine psychoaktive Pflanze eingenommen wird, kann für einen Menschen mit einer stabilen Psyche in einem entsprechenden Rahmen eine sehr tiefe Transformation ermöglichen. Für einen Menschen, der psychisch instabil ist, kann das Ritual kontraproduktiv wirken und die psychische Disbalance verstärken. Auch geführte Meditationen können Menschen, die nicht geerdet sind, noch mehr aus ihrem Körper herauskatapultieren, anstatt sie in ihren Körper zurückzuführen. Besonders am Ende einer Fantasiereise, bei der Sie sich in andere Welten begeben, ist es deshalb sehr wichtig, sich wieder zu erden.

Die folgende Übung ist eine Erdungsübung, die sehr hilfreich ist, um den Kontakt mit der Erde herzustellen und zu behalten. Sie eignet sich besonders dann, wenn Sie Freude und Erfüllung an bewusstseinsverändernden Techniken haben.

Übung: Sich erden

Diese Erdungsübung können Sie im Sommer gut auf einer Wiese, im Wald oder am Ufer eines Flusses oder Sees durchführen. In der kalten Jahreszeit können Sie auch zu Hause auf einem dicken Teppich üben. Wichtig ist, dass Sie Schuhe und Strümpfe ausziehen.

Lesen Sie sich selbst diese Übung laut vor oder nehmen Sie sie am besten auf Ihr Smartphone auf.

Ich stehe, die Füße hüftweit auseinander, auf der Erde, die Fußspitzen zeigen nach vorne, die Knie sind leicht gebeugt, das Becken ein wenig nach vorne gekippt.

Ich nehme meine Füße und Beine bewusst wahr.

Ich nehme drei Atemzüge in Achtsamkeit, um den Kontakt mit der Erde zu vertiefen.

Ich strecke den Nacken, indem ich das Kinn zur Brust ziehe. Ich nehme drei Atemzüge in Achtsamkeit.

Um Stabilität zu erlangen, stelle ich mir ein langes Pendel zwischen meinen Beinen vor.

Oberkörper, Schultern und Arme sind entspannt.

Jetzt richte ich meine ganze Aufmerksamkeit auf meine Fußsohlen und nehme über meine Füße Kontakt zum Boden auf.

Ich versuche, durch drei weitere Atemzüge Kontakt zur Erde aufzunehmen und im Hier und Jetzt anzukommen.

Gedanken, die um meine Arbeit, meine Kinder, meine Partnerschaft, meine Eltern oder auch um den nächsten Urlaub kreisen, nehme ich wahr, aber ich lasse sie vorbeiziehen wie eine Wolke am Himmel.

Ich genieße das Gefühl, dass die Erde mich trägt, und versuche, alle Spannungen in den Muskeln so weit wie möglich loszulassen.

Einatmend stelle ich mir vor, wie ich die Energie der Erde aufnehme. Die heilende Kraft der Erde durchströmt von den Beinen aufwärts meinen Körper. Ausatmend gebe ich alles Alte, Dunkle und Schwere an die Erde ab.

Ich wiederhole diese Atemzüge in Achtsamkeit ein paarmal und verbinde mich darüber ganz bewusst mit der Erde und mit mir selbst. Mit einem tiefen Atemzug kehre ich zurück.

———————————

TORE INS JETZT

Wie tief die Erfahrung eines Menschen auf der transpersonalen Ebene ist, kann man nicht im Voraus bestimmen. Manche Erfahrungen sind eine besondere Gnade. Aber jeder kann mithilfe einer bestimmten Technik an die Türe zum transpersonalen Bewusstsein klopfen und hoffen, dass sie sich öffnet. Techniken wie Askese, Visionssuche, Fasten, Meditationsretreats, holotropes Atmen, Yoga, Meditation, psychoaktive Substanzen, Tanzen, Schwitzhütten und viele andere Praktiken mehr können diese Türen öffnen. Idealerweise sollten Sie sich von einem erfahrenen Lehrer begleiten lassen. Allen Techniken gemein ist, dass man seine Achtsamkeit über einen längeren Zeitraum ausrichtet oder einen längeren Zeitraum praktiziert.

Tiefe Glückseligkeit

Tanja spürte in den ersten Tagen eines Vipassana-Retreats, dass es für sie darum ging, alles loszulassen. Das ist natürlich leichter gesagt als getan, trotzdem gelang es ihr für einen Moment. Sie hatte ihre Augen geschlossen und konnte durch ihr Drittes Auge beobachten, wie sie sich nach und nach von ihrem Körper und ihrem Geist löste. Sie hatte das Gefühl, einen Sterbeprozess zu durchlaufen. Auch wenn es ihr ein wenig Angst machte, wusste sie, dass alles gut ist, so wie es ist. Es löste sich alles immer mehr auf, und dann erlebte sie nur noch ein tiefes Gefühl von Glückseligkeit: sat-chit-ananda. Es war eine Glückseligkeit, die sie

davor noch nie erlebt hatte. Eine Art des Seins, die sie schlecht
mit Worten beschreiben kann. Gleichzeitig wusste sie, dass es die
reine Quelle ihres Seins ist.

Blendungen sind keine Erleuchtungen

Erfahrungen, die auf der transpersonalen Ebene gemacht
werden, sind vielschichtig, farbenprächtig, trügerisch, auf-
schlussreich, erweiternd und können, wenn sie nicht richtig
ausgeführt werden, auch gefährlich werden und körperliche
oder psychische Probleme nach sich ziehen. Wie bereits erwähnt, bedarf es bei manchen Techniken der Führung eines erfahrenen Lehrers oder Schamanen. Aber leider sind
sich hier manche Seminaranbieter ihrer eigenen Grenzen
nicht bewusst. Nicht jeder, der sich als Schamane ausgibt,
ist auch wirklich ein Schamane, und manch selbst ernann-
ter Erleuchtete ist einfach nur von seinem Ego geblendet.
Unqualifizierte Menschen leiten Seminare und richten mit
ihrem Halbwissen mehr Schaden als Heilung an. Deshalb
bedarf es noch sehr viel Aufklärungsarbeit auf dem Gebiet
der Spiritualität. Zu verschwommen sind die Grenzen zwischen Erfahrungen, Einbildungen und manchmal auch psy-
chischen Störungen.

Eine optimale Durchquerung dieser Bewusstseinslandschaft
erfolgt meines Erachtens nur mit der Unterstützung eines
erfahrenen Lehrers oder spirituell arbeitenden Therapeuten.
Sonst besteht die Gefahr, sich auf den Pfaden der transperso-

nalen Bewusstseinsebene zu verlieren. Besonders groß ist die Gefahr, auf eigene »siddhis« oder solche des Lehrers hereinzufallen. Damit gemeint sind übernatürliche Fähigkeiten, die durch tiefe Konzentration ausgelöst werden. Manche Menschen bleiben an dieser Stelle hängen. Sie bilden sich etwas auf diese Künste ein, werden überheblich und haben das Gefühl, dass sie »weiter« sind auf dem spirituellen Weg als andere Menschen, und der eine oder andere verwendet »siddhis«, um seine Macht zu missbrauchen. Schwarze Magie ist hier ein Beispiel, welche bei anderen Menschen großen Schaden verursachen kann. Siddhis werden auf dem Weg zur Erleuchtung eher als hinderlich angesehen.

Die Integration von spirituellen Erfahrungen

Bei der Recherche für dieses Buch kontaktierte ich auch Carlos. Ich kannte ihn von einem Meditationsretreat. Er hatte lange in Pune gelebt und ich wusste, dass er sehr viele Techniken ausprobiert hatte. Als ich ihn kontaktierte, erzählte er mir, dass er sich wieder mal von einer Frau getrennt hatte, weil sie – in seinen Augen und Ohren – viel zu unreif war und noch viel an sich arbeiten musste. Jobmäßig ging es ihm nicht sonderlich gut und gesundheitlich hatte er auch sehr zu kämpfen. Dies hing – in meinen Augen – mit seinem hohen Alkohol- und Zigarettenkonsum zusammen, was er jedoch verneinte. Als ich ihn nach einer spirituellen Erfahrung fragte, sagte er: »Ach, ich könnte dir mindestens 20 tiefe Erfahrungen nennen. Ich mache mir mal Gedanken, welche ich dir für das Buch beschreibe. Ich habe so viele tiefe Erfahrungen gemacht, nach denen andere Menschen sich sehnen würden.« Nachdem wir das Telefonat beendet hatten, habe ich ihn nicht mehr kontaktiert und auch er hat sich nicht mehr bei mir gemeldet. Aber durch unser Gespräch wurde mir bewusst, dass Carlos das lebendige Beispiel dafür ist, dass eine spirituelle Erfahrung – und mag sie noch so tief sein – wertlos ist, wenn sie nicht in den Alltag, in die Beziehungen und in die Arbeit integriert wird.

Manchmal glaubt man, in einer Erleuchtungserfahrung zu sein, ist jedoch meilenweit davon entfernt. Im Zen ist es Tradition, dass ein Roshi, also der Zen-Meister, die Erleuchtungserfahrung bestätigt. Er kann dies am Gang, der Körperhaltung und dem Blick des Schülers erkennen. Oftmals genügt eine winzige Handlung, um dem Schüler zu zeigen, dass er noch nicht dort ist, wo er sich wähnt. Um solche Irrwege auf dem spirituellen Weg zu vermeiden, ist es ratsam, sich immer wieder an einen spirituellen Lehrer zu wenden, von dem man weiß, dass er auf diesem Weg wesentlich weiter ist als man selbst. Denn zu schnell kann man sich täuschen lassen von den transpersonalen Phänomenen, die einem Suchenden auf dem spirituellen Weg begegnen. Ist man unerfahren damit, blenden sie uns, statt uns als Licht zu dienen, welches uns hilft, die Dinge so zu sehen, wie sie sind.

DAS REINE
GEWAHRSEIN

Wenn der Geist keine Unterscheidungen trifft,
dann sind die zehntausend Dinge,
wie sie sind:
aus einer Essenz.

DENNIS
GENPO MERZEL IN:
DURCHBRUCH ZUM HERZEN DES ZEN

URGRUND UNSERES SEINS

Die Ebene des Einheitsbewusstseins umfasst das ganze Universum. Auf dieser Ebene ist alles enthalten – die bereits zitierte Espressotasse, alle Süßwasserseen, der ganze Kosmos. Auf dieser Ebene erfahren wir Zusammenhänge, die wir mit dem Verstand nicht erfassen können. Und gleichzeitig werden wir erkennen, wie lächerlich es ist, an all den Identifikationen unseres ICH festzuhalten. Der indische Gelehrte Nisargadatta Maharaj sagt: »Sie werden frei sein, wenn Sie erkennen, dass das reine Bewusstsein, das genau jetzt lauscht, Ihre wahre Natur ist.« In der *Katha Upanishad* wird diese Ebene so beschrieben: »Kleiner als das Kleinste, größer als das Größte, wohnt dieses Selbst für immer in den Herzen aller Wesen. Ein Mensch, der von Begierde befreit, von reinem Geist und reinen Sinnen ist, erblickt den Glanz des Selbst und ist frei von Sorgen.«

Wenn wir diese Ebene berühren, ist es so, als würden wir nach Hause kommen, wir erfahren das Leben in klarem Licht und erkennen, dass es immer schon da war. Laotse sagte im *Tao Te King* dazu: »Das Tao ist nichts, was kommt und geht. Es ist immer und überall gegenwärtig, so wie der Himmel. Aber wenn dein Gemüt umwölkt ist, siehst du es nicht. Aber dies bedeutet nicht, dass es nicht da ist. Kannst du von Worten und Ideen, von Erwartungen und Meinungen lassen? Wenn du das kannst, wird das Tao sichtbar werden. Kannst du still sein und in dich hineinschauen? Wenn du das kannst, wirst du erkennen, dass die Wahrheit immer verfügbar ist. Immer zugänglich.« Der Mystiker Hafiz sagt: »Wenn du einsam bist oder in Dunkelheit, wünschte ich, dir das erstaunliche Licht deines eigenen Selbst zeigen zu können.«

Wird man von diesem schwer in Worte zu Fassenden überrascht, kann die Erfahrung Angst machen und das tiefere Einlassen auf eine spirituelle Praxis verhindern. Aber die Erfahrung kann auch anders verlaufen, uns tief in unserem Herzen berühren und die Gewissheit vermitteln, dass alles gut ist, wie es ist.

Die Erfahrung des reinen Gewahrseins kann uns aber auch in einen unbekannten Raum führen, der sich bodenlos oder wie negative und bezugslose Leere anfühlt. Das löst Angst aus, weil wir uns an nichts mehr festhalten können. Also wählen wir vielleicht die Flucht in die Identifikation mit dem Wissen unseres Gehirns, das auf Denken und Verstehen basiert. Wir kennen diesen denkenden Geist und halten ihn fälschlicherweise für unser wahres Zuhause. Wenn wir uns jedoch trauen, uns vertrauens- und hingebungsvoll für das reine Gewahrsein zu öffnen, kommen wir mit einer positiven Leere in Kontakt. Diese Leere ist die Heimat für einen offenen Geist und bietet einen neuen sicheren Raum, der unser Seinsgrund, unsere Essenz ist. Öffnen wir uns also für dieses Gewahrsein, werden wir uns weniger verloren und mehr geerdet fühlen.

Übung: Reines Gewahrsein wahrnehmen

Kommen Sie in eine aufrechte und bequeme Sitzhaltung.
Schließen Sie die Augen, während Sie sich für Ihr reines
Gewahrsein öffnen.

Nehmen Sie den Atem und den Körper wahr und spüren
Sie, wie die Atmung Ihren ganzen Körper von innen
heraus erfüllt. Lassen Sie alles da sein.

Richten Sie nun Ihre Aufmerksamkeit auf den Raum des
reinen Gewahrseins, in dem alle Sinnesempfindungen,
Gedanken und Gefühle stattfinden.

Stellen Sie sich vor, dass Ihre Aufmerksamkeit sich über
die Espressotasse erhebt und Sie in einen unendlich
großen Ozean eintauchen.

Richten Sie als Nächstes Ihre Aufmerksamkeit bewusst
auf Gedanken, die auftauchen, oder Gefühle, die sich
bemerkbar machen.

Seien Sie sich Ihrer Gedanken und Ihrer Gefühle einfach
nur gewahr, ohne etwas daran ändern zu wollen.

Richten Sie dann wieder Ihre Aufmerksamkeit auf den
Raum, in dem sich Ihre Gedanken und Gefühle bewegen.

Sollten Sie sich in den Geschichten verfangen, die aus den Gedanken entstehen, so lenken Sie Ihre Aufmerksamkeit wieder auf das Gewahrsein anstatt auf die Inhalte Ihrer Gedanken. Es ist der Aspekt in Ihnen, der klar und wertfrei und überall ist. Es wohnt sowohl in Ihrem Körper als auch in Ihrem Geist.

Lösen Sie sich von der Verstrickung in Gefühle und Gedanken und akzeptieren Sie diese – ohne den Wunsch, diese Zustände zu verändern.

Richten Sie Ihre Aufmerksamkeit einfach auf das, was sich all dessen bewusst ist. Wie erleben Sie das Gewahrsein? Das, was alles akzeptiert, was frei ist von Schmerz, frei ist von Gedanken, frei ist von Wünschen und Wollen.

Ruhen Sie im Gewahrsein, ohne etwas Bestimmtes in den Vordergrund zu rücken, ohne sich zu identifizieren.

Ruhen Sie als das Gewahrsein selbst, das sich seiner bewusst ist, ohne zu denken.

Ruhen Sie in dem Gewahrsein mit dem Wissen, dass alles im Raum des Gewahrseins entsteht und vergeht.

Lassen Sie alles so sein, ohne sich zu bemühen, ohne es besonders gut machen zu wollen.

Nehmen Sie abschließend noch einige tiefe Atemzüge
und kehren Sie dann zurück in Ihren Alltag.

Erleuchtungserfahrungen, die auch als »direkte Erfahrungen«, »Wesensschau«, »satori« oder »Einheitserfahrung« bezeichnet werden, können ganz vielseitig beschrieben werden.
Einige Menschen, die vom Erleuchtungsfunken getroffen
werden, sind sehr erstaunt, dass sie als »Nicht-Heilige« eine
solche spirituelle Erfahrung machen. Andere wiederum
sind verwundert, wenn eine solche Erfahrung, die sie beim
Wandern, Motorradfahren, beim Anblick eines Sonnenun-
tergangs oder während eines langen Meditationsretreats
gemacht haben, als Erleuchtungserfahrung oder eine Erfahrung des Erwachens bezeichnet wird. Wir haben eine bestimmte Vorstellung von dieser Ebene, die doch eigentlich
unser Urgrund ist. Manche Menschen verbinden Erleuch-
tungserlebnisse mit dramatischen Lichterscheinungen und
mit der Empfindung, dass man für immer »angekommen«
ist, dass sich schlagartig das ganze Leben ändern wird und sie
frei von jeglichen Sorgen und Verpflichtungen sein werden.

Das Erlebnis der Leere, die je nach Tradition unterschiedlich erläutert wird, wurde zum Inhalt vieler religionsphi-
losophischer Überlegungen. Die Leere spielt eine zentrale
Rolle in der Lehre des Advaita, der sogenannten Nicht-
Dualität des Hinduismus, und in der Philosophie des Bud-

dhismus, wo der Begriff »Shunyata«, die Leere, durch einen der ersten buddhistischen Lehrer, Nagarjuna, im 2. Jahrhundert geprägt wurde. Im Zen-Buddhismus nennt man diese Erfahrung Satori. Auch im Daoismus Chinas wurde der Erleuchtungserfahrung oder dem Kontakt mit der Einheitsebene viel Aufmerksamkeit geschenkt.

Für alle diese Traditionen spielt diese Erfahrung eine große Rolle, da sie im Sinne der ultimativen Wahrheit nicht nur eine mögliche, sondern eine notwendige Erfahrung ist. Sie vermittelt dem Menschen, der auf der Suche nach sich selbst und der tiefsten Wahrheit ist, vollständige Erkenntnis seiner eigenen Identität. Wie lange diese Erfahrung anhält, ist ganz unterschiedlich. Im Gegensatz zu kleinen Erleuchtungsmomenten werden auch große und überwältigende Erfahrungen von Menschen berichtet. Manche bezeichnen sie als Offenbarung, wieder andere erfuhren die vollkommene Erleuchtung, wie zum Beispiel der indische Siddhartha Gautama, der als Buddha in die Geschichte einging. Vielleicht sollten wir, die mit Beruf und Familie einen Alltag zu bewältigen haben, Buddha als Ideal betrachten, der eine wunderbare Lehre hinterlassen hat. Eine Lehre, die uns einen Weg in die Freiheit aufzeigt, den wir Schritt für Schritt in unserem eigenen Tempo gehen können. Denn wie heißt es so schön: Gib einem tibetischen Lama eine Steuererklärung, drei kleine Kinder, ein kaputtes Auto, und du wirst sehen, wie es um seine Erleuchtung steht.

Der Versuch, das Unaussprechliche in Worte zu fassen

Es gibt viele Lehrer, die empfehlen, nicht über diese tiefen spirituellen Erfahrungen zu sprechen, weil sie etwas zutiefst Intimes und Persönliches sind. Andere Lehrer behaupten, dass wir gar nicht darüber sprechen können, weil das reine Gewahrsein uns so nahe ist, dass es unmöglich ist, darüber zu sprechen.

So lässt sich das Unaussprechliche, das Unbenennbare immer nur durch Symbole, Bilder und Worte umschreiben. Außerdem kommen die jeweilige Ausdrucksform und die Sprache der betreffenden Tradition hinzu: Das Unaussprechliche drückt sich letztendlich durch die jeweilige Zeit, Kultur sowie die Bildung der Menschen aus. So beschrieb Dogen, der Begründer des japanischen Zen-Buddhismus, seine Erfahrung anders als Patanjali im Yogasutra, die indischen Upanishaden oder die christlichen Mystiker Meister Eckhart, Teresa von Ávila oder Johannes vom Kreuz. Alle Erfahrungen, über die in den letzten Jahrtausenden berichtet wurde, sind also immer nur ein Hinweis auf das, was nicht in Worte gefasst werden kann. Nur die persönliche Erfahrung macht uns deutlich, dass uns nichts näherliegt als ES, unser reines Bewusstsein, das Tao.

**Es war während eines Schweigeretreats,
als mir plötzlich bewusst wurde:**

Es gibt nichts mehr zu suchen.
Es gibt nichts mehr zu finden.
Alles IST einfach nur da.
So wie es schon immer da war und immer da sein wird.
Es gibt auch nichts zu erfahren.
So wie es nichts zu sehen und auch nichts zu hören gibt,
dann, wenn ich einfach nur BIN.
Es gibt auch nichts zu beweisen und nichts zu verteidigen.
Es gibt nicht einmal ein Gefühl, wenn ich BIN.
Selbst das Gefühl der All-Liebe ist nur ein Gefühl,
ist Illusion und ein Traum,
der mir das Gefühl vermittelt, zu sein.
Aber wenn ich BIN,
dann gibt es nur das SEIN,
das allumfassende NICHT-MEHR-GETRENNT-SEIN.
Alles und nichts in einem.
Gefühllos. Geräuschlos. Bedingungslos.
Jeder Versuch, das IST und SEIN in Worte zu fassen,
trennt mich vom SEIN beziehungsweise NICHT-SEIN.
Das Greifen und Suchen nach Worten
nimmt der Leere seinen Inhalt.
Ich war immer da und werde immer da sein.

Das Tao, das reine Bewusstsein, das NICHTS und die Fülle in der Leere sind bereits in uns, näher als der nächste Atemzug, wie mancher Lama sagt. Trotzdem haben wir die Tendenz, im Außen danach zu suchen oder zu glauben, dass wir uns über einen langen Zeitraum in ein Kloster zurückziehen müssten. Selbst nach einer unmittelbaren Erfahrung sucht der Mensch weiterhin im Außen – als könnte er nicht fassen, dass das Göttliche so nah ist. Gleichzeitig wissen wir nach einer solchen Erfahrung, dass es viel mehr gibt als unser ICH und unseren ewig nörgelnden Verstand. Und wenn wir es einmal erfahren haben, sind wir anfangs möglicherweise verwirrt über die Tiefe der Erfahrung. Aber das ist ein gutes Zeichen, beschreibt der tibetische Meditationslehrer Yongey Mingyur Rinpoche in seinem Buch *Buddha und die Wissenschaft vom Glück*: »Verwirrung ist der Anfang des Verstehens, das erste Stadium des Sich-Lösens vom neuronalen Geschwätz, das uns an bestimmte Vorstellungen darüber, wer wir sind und wozu wir fähig sind, kettete. Mit anderen Worten: Verwirrung ist der erste Schritt auf dem Pfad zum wirklichen Wohlergehen.«

ERWACHEN IM WANDEL DER ZEIT

Die Hindus erzählen,
Kinder würden im Mutterleib singen:
»Lass mich nicht vergessen, wer ich bin«,
aber nach der Geburt
wandelt sich das Lied zu:
»Ach, jetzt habe ich es vergessen.«

JACK KORNFIELD

Der Weisheitslehrer Loch Kelly sagt, eine neue Spiritualität nehme Gestalt an, Ideologien würden überprüft und vertraute Annahmen infrage gestellt. So behauptet er wie viele andere zeitgenössische spirituelle Lehrer, dass Erwachen nicht mehr die exklusive Aufgabe religiöser Adepten in Klöstern sei, sondern für alle Menschen zugänglich, unabhängig von sozialen Umständen oder religiöser Überzeugung. Trotzdem zeichnet sie sich durch bestimmte Qualitäten aus. Während wir auf den beiden anderen Bewusstseinsebenen noch die körperlichen, mentalen, emotionalen und psychologischen Aspekte der Erfahrung im Blick haben – also, die Gedanken zu verändern, das Energiefeld mit positiven Energien zu nähren, eine andere innere Haltung zu entwickeln oder Heilung zu erfahren –, wechseln wir nun zu einer Ebene, die bereits heil, ruhig und vollkommen ist. Hier lassen wir das Gefühl des verletzten, kleinen oder fehlerhaften ICH hinter uns und erleben stattdessen die Unterstützung des reinen Gewahrseins, das uns trägt.

Diese Ebene zeichnet sich dadurch aus, dass …

- sie nicht intellektuell erfassbar, sondern nur erfahrbar ist,
- sie jenseits jeglicher subjektiver Bewertung liegt,
- keine Identifikation mit Bewusstseinsinhalten mehr
  stattfindet,
- das Wissen spontan, außerordentlich intensiv und
  unmittelbar ist,
- sie unsichtbar, inhaltslos, formlos, grenzenlos und
  zeitlos ist,
- sie unseren Seinsgrund darstellt,
- man etwas wissen kann, ohne sich auf Gedanken zu
  beziehen,
- es eine Erfahrung von Einheit mit allem Leben ist,
- das ICH/Ego vollkommen in den Hintergrund tritt
  und das reine Gewahrsein erfahren wird.

Kelly beschreibt in seinem Buch *Reise ins Erwachens,* dass es
zu einer Verschiebung der Identität des wahren Gewahrseins
vom Hintergrund unseres Bewusstseins in den Vordergrund
kommt, wenn wir auf diese Ebene wechseln. Während wir
uns auf den beiden anderen Bewusstseinsebenen noch auf
schnelle Gedanken und intensive Emotionen konzentrieren
und es immer noch ein DU in der Erfahrung gibt, nehmen
wir das reine Gewahrsein nicht wahr. Betrachten wir es aber
aus dieser Ebene heraus, erkennen wir, dass es keine Grenzen mehr gibt. Menschen, die aus dem wahren Gewahrsein
heraus leben, erfahren konditionierte Gedanken, intensive
Gefühle und Sinnesempfindungen als Wellen auf dem Meer,

nicht aber als ihren Urgrund. Dementsprechend werden sie weniger von Gedanken und Emotionen gebeutelt, ohne sich jedoch vom Leben abgeschnitten zu fühlen. Das reine Gewahrsein, unser wahres Selbst, ist hier nicht mehr etwas, das als Subjekt einem Objekt gegenübersteht. Es ist leer (sunya). Wir sind alles und nichts; sind alle Dinge und alle Formen, aber nicht mehr ausschließlich dieses oder jenes. Hier ist Form Leere und Leere ist Form.

Eines kann ich aus Erfahrung sagen: Sind wir einmal mit dem reinen Gewahrsein in Kontakt gekommen, wird es uns immer wieder dort hinziehen. Dorthin, wo es eine Bewusstseinsebene gibt, die aus sich selbst heraus Heilung mit sich bringt. Dann werden wir immer häufiger die Bereitschaft entwickeln, kleine Tode zu sterben, um wieder das zu werden, was wir sind: die Fülle in der Leere. Aber sosehr man sich auch bemühen mag, diese Ebene kann niemals durch Denken oder Analyse erreicht werden, auch bewusstseinsverändernde Techniken können nur ein Hilfsmittel in diese Richtung sein. Das Einzige, was man buchstäblich machen kann, ist, achtsam zu bleiben, die Aufmerksamkeit auf das Gewahrsein zu richten, so wie Loch Kelly es beschreibt, die Anwesenheit von gewahrseinsbasiertem Wissen entdecken, um von dort aus leben zu können.

Ein Grund, warum viele Menschen sich so schwertun, das reine Gewahrsein zu erfahren, ist die Tatsache, dass es kein veränderter, transzendenter oder meditativer Zustand ist. Das reine Gewahrsein ist vielmehr unsere wahre Natur, die immer da ist, kein Objekt, das man mit den Sinnen erfahren oder mit dem Verstand verstehen kann. Wir können es nur dann erfahren, wenn wir die Art zu wissen aufgeben, mit der wir das Leben normalerweise erkunden. Wir können uns nur öffnen, die Perspektive wechseln und reines Gewahrsein mit reinem Gewahrsein erfahren.

In manchen Traditionen bezeichnet man das reine Gewahrsein als eine unerschöpfliche Quelle von Ideen, Inspirationen und unendlicher Kreativität. Wenn wir in dieses reine Gewahrsein hinein erwachen, erkennen wir, dass der denkende Geist zahlreiche Zustände einnimmt, in die die Denkprozesse eingebettet sind: unsere Instinkte, Stimmungen, Gefühle und intuitiven Einsichten. Ja, dieses reine Bewusstsein ist der Raum, in dem alles erfahren wird, und somit ein ganz zentraler Faktor unseres Daseins und gleichzeitig die Basis für unser Leben. Es ist unsterblich, transparent, veränderlich und lebendig. Jack Kornfield schreibt in seinem Buch *Das weise Herz,* dass das Bewusstsein ebendiese Qualität des Erfahrens hat – klar, offen, wach, ohne Farbe oder Form, alle Dinge umfassend und doch nicht von ihnen begrenzt und deshalb als unbegrenzt beschrieben. Jiddu Krishnamurti beschreibt dieses Erlebnis in dem Buch *Die Weisheit Indiens* (hrsg. von Danielle Föllmi) so: »Auf all das schaue ich mit tiefem Entzücken, und da ich es betrachte, ist kein Beobachter da, sondern nur reine Schönheit – wie in der Liebe. Für einen Augenblick bin ich all meinen Problemen, Ängsten und Kümmernissen entrückt – es ist nur dieses wunderbare Erlebnis da.«

Im Buddhismus wird das reine Gewahrsein mit dem Horizont verglichen: So wie am Himmel unterschiedliche Wolken entstehen, mal die Sonne scheint, mal Stürme kommen und wieder gehen, so bleibt der Himmel selbst vollkommen unberührt vom Wetter. Er bleibt klar, unbegrenzt, transparent und ungetrübt von all dem, was sich in seiner Sphäre abspielt. Das reine Bewusstsein wird von all den Erscheinungen nicht berührt. Ein Bild, welches das reine Gewahrsein treffend symbolisiert, ist das eines Spiegels: Er bleibt klar und rein, egal, was sich darin spiegelt, sei es hell oder dunkel, hässlich oder schön.

Übung: Wer schaut in den Spiegel?

Wenn Sie das nächste Mal in einen Spiegel schauen, halten Sie inne. Nehmen Sie sich Zeit hineinzuschauen und fragen Sie sich: Wer schaut in diesen Spiegel? Wenn Sie spontan antworten: »Ich!«, dann fragen Sie sich wieder: Wer ist hinter diesem ICH? Versuchen Sie, hinter Ihr ICH zu schauen und mit dem Teil in Ihnen in Kontakt zu kommen, der nicht altert und nicht stirbt. Sie können sich auch weiter fragen: Wer schaut?, oder: Wer macht die Erfahrung des Schauens?

Machen Sie sich in dieser Übung bewusst, dass es etwas in Ihnen gibt, das seit Anbeginn Ihres Seins in diesem Körper auf die gleiche Weise in den Spiegel schaut und nicht altert. Da das reine Gewahrsein so selbstverständlich ist wie die Luft, die uns umgibt, nehmen wir es nicht wahr. Die Luft ist immer da, wir können sie nicht sehen und sind uns ihrer auch nicht bewusst. Gleichzeitig können wir ohne sie nicht leben.

Richten Sie bei dieser Übung deshalb immer wieder die Aufmerksamkeit weg von den Inhalten Ihrer Gedanken, Gefühle und Körperempfindungen hin zum reinen Gewahrsein. Beobachten Sie dabei Ihr Bewusstsein, ohne sich in eine Erfahrung verwickeln zu lassen. Untersuchen Sie, wie Ihr Geist arbeitet, worauf er reagiert, was in Ihnen vorgeht und fragen Sie sich immer wieder: Wer nimmt gerade wahr? Und wenn dann »Ich« kommt, fragen Sie sich: Was ist hinter diesem Ich?

Wiederholen Sie die Übung, ohne die Fragen mit dem Verstand beantworten zu wollen. Seien Sie offen für alles, was sich zeigen wird. Werden Sie zum Beobachter Ihrer Erfahrungen.

DAS PARADOX DER ERFAHRUNG

Das reine Bewusstsein, dass All-Eine, das Göttliche
kennt keine Trennung, kein Du und kein Ich.
Die direkte Erfahrung ist ein Wagnis,
sie wirft die Kategorien unseres Denkens um;
wir wissen nicht, wohin sie uns führt,
wohin wir gehen und wie wir enden.
Wir können nicht die direkte Erfahrung suchen
und dann hoffen,
sie sei mehr oder weniger vergleichbar
mit irgendeiner anderen Sache,
die wir je vorhergesehen haben.

RAIMON PANIKKAR

Die »einfachste« Möglichkeit, eine direkte Erfahrung zu
erlangen, ist, in der Gegenwart zu verweilen und das Bewusstsein von Identifikationen zu befreien. Wenn wir in
der Lage sind, ganz bewusst im Hier und Jetzt zu sein, ohne
auch nur einen Bruchteil einer Sekunde im Gestern und
Morgen zu verweilen, und den Moment ganz präsent zu
erfahren, befinden wir uns im reinen Gewahrsein. In dieser
gegenwärtigen Präsenz hören wir auf zu werten, zu be- und
zu verurteilen und befinden uns in einem offenen Raum, in
dem alles möglich ist. Diesen Zustand zu halten, erfordert
anfangs Bemühen. Sich immer wieder in die Gegenwart
zurückzuholen ist eine große Kunst, weil der Geist so gern
abgelenkt wird. Der Atem ist ein wunderbares Werkzeug,

um immer wieder in die gegenwärtige Präsenz, ins Jetzt zu kommen. Und somit schließt sich an dieser Stelle wieder ein Kreis, weil wir unsere Körper und unsere Atmung miteinbeziehen, um ganz im Jetzt anzukommen und um zu erkennen, dass wir diese Erfahrung nur in uns selbst finden. Chögyal Namkhai Norbu beschreibt dies in seinem Buch *Dzogchen. Der Weg des Lichts* sehr treffend folgendermaßen: »Es ist ganz unmöglich, Buddha woanders zu finden als im eigenen Geist. Jemand, der das nicht weiß, muss außen suchen, aber wie ist es möglich, sich selbst zu finden, wenn man woanders sucht als in sich selbst? Wer sein eigenes Wesen außen sucht, gleicht einem Narren, der bei einem Auftritt vor einer Menschenmenge vergisst, wer er ist, und dann überall herumsucht, um sich zu finden.«

Übung: Den Atem wahrnehmen

Nehmen Sie sich 30 Minuten Zeit für die Meditation und richten Sie Ihre ganze Achtsamkeit auf Ihren Atem. Machen Sie Ihren Atem zu einem Anker für Ihre Aufmerksamkeit. Wenn Sie ihn nutzen, können Sie sehen, dass er ein wertvolles Werkzeug ist. Durch ihn werden Sie bemerken, wie unruhig Ihr Geist ist und wie sehr er Sie aus dem Jetzt herauskatapultiert.

Nehmen Sie drei Atemzüge in Achtsamkeit. Und dann drei weitere Atemzüge in Achtsamkeit. Vielleicht werden

Sie dabei bemerken, dass permanent allerlei Gedanken, Fantasien und Gefühle in Ihnen aufsteigen.

Es mag vollkommen unprätentiös klingen, sich nur auf den Atem zu konzentrieren, aber dies ist nach meiner eigenen Erfahrung einer der unmittelbarsten Wege zum reinen Gewahrsein. Der Atem, als Anker eingesetzt, kann Sie darin unterstützen, mehr im Hier und Jetzt anzukommen. Er kann Ihnen dabei helfen, sich nicht länger in angstvollen Geschichten oder Furcht einflößenden Vorstellungen zu verrennen. Mit etwas Geduld, viel Übung und Achtsamkeit wird er Sie darin unterstützen, alle Gedanken, Gefühle und Körperempfindungen vorbehaltlos zu beobachten, wahrzunehmen und sie wieder loszulassen. Wenn Sie sich nur auf Ihre Achtsamkeit und auf Ihren Atem und die Offenheit dafür, alles da sein zu lassen, was ist, beziehen, dann werden Sie immer schneller in den gegenwärtigen Moment zurückkommen. Dadurch lernen Sie, in Ihrem reinen Gewahrsein zu ruhen.

Die Wirklichkeit als Ganzes erfahren

Weil die Türe zum Schatz des Geistes
geöffnet wurde,
ist alles, was du brauchst,
in dir vollständig vorhanden.

Tenzin Wangyal Rinpoche in:
Die Quelle der Heilung/
Die einundzwanzig Nägel,
ein Bön-Dozgchen-Text

Die unmittelbare Erfahrung hilft, die Wirklichkeit als Ganzes zu erfahren und zu erkennen, wie die Dinge sind. Der spirituelle Weg und die Erkenntnis folgen keiner Chronologie, von direkter Erfahrung zu direkter Erfahrung, um am Ende alles hinter uns zu lassen. Der Weg ist eher – wie bereits zuvor im Buch erwähnt – mit einer Pendelbewegung vergleichbar, auf dem jede Erfahrung ein Teilstück des Weges erhellt, damit am Ende der ganze Weg erhellt ist. Nichts ist mehr verborgen oder in der Dunkelheit. Ein anderes Beispiel: Tritt die Erfahrung während einer intensiven Praxis ein, ist es, als würden wir in den Mittelpunkt des Berges bohren, in dem das heilige, geheimnisvolle Licht verborgen ist. Dann strahlt dieses Licht für einen Moment durch das Bohrloch. Der Sinn der spirituellen Traditionen besteht aber darin, dass insgesamt immer mehr Licht an die Oberfläche dringt und unser Wesen von innen heraus strahlt.

Übung: Weit werden

Kommen Sie in eine aufrechte und bequeme Sitzhaltung. Stellen Sie einen Timer auf 5, 15 oder 20 Minuten.

Konzentrieren Sie sich auf Ihre Nase. Nehmen Sie wahr, wie der Atem durch die Nasenlöcher in den Körper einströmt und ihn wieder verlässt. Verweilen Sie hier gute fünf Minuten.

Weiten Sie nun Ihre Aufmerksamkeit und nehmen Sie Ihren ganzen Körper bei der Atmung wahr, spüren Sie, wie der Atem sich über den ganzen Körper ausdehnt. Verweilen Sie auch hier fünf Minuten.

Weiten Sie Ihre Aufmerksamkeit weiter aus und beziehen Sie alles mit ein: den Raum, in dem Sie sitzen, die Geräusche, die Sie von nah und fern hören. Verweilen Sie fünf Minuten.

Lassen Sie Ihr Gewahrsein noch weiter werden, so weit wie das Blau des Himmels. In diesem Raum hat alles Platz: Gedanken, Gefühle, Körperempfindungen, Erscheinungen. Alles. Es gibt nichts zu tun. Nichts zu erreichen. Nichts zu wissen, nichts zu machen.

In diesem Raum des reinen Gewahrseins ist alles vollkommen. Entspannen Sie in diesen Raum hinein. Verweilen Sie auch hier fünf Minuten.

Kehren Sie mit Ihrer Wahrnehmung wieder zurück in den Körper und zur Nase. Bleiben Sie hier noch ein paar Atemzüge und kehren Sie dann wieder zu Ihrem Alltag zurück.

Durch diese Übung werden Sie lernen, Ihre Aufmerksamkeit auszuweiten und den Raum des reinen Gewahrseins zu erfahren. Normalerweise braucht unser Verstand ein Objekt, auf das er sich konzentrieren kann. Wenn wir uns dem Raum des reinen Gewahrseins in seiner Gänze öffnen, entsteht Freiheit. In dem Moment, in dem wir uns in die Erfahrung des Raums hinein öffnen, wird reines Gewahrsein zum Seinsgrund, in dem alles sein kann.

Befreiung erfahren

Sie können sich als Ganzes nur sehen,
wenn Ihr Geist nicht zerspalten ist.
Was Sie so sehen,
ist die Wahrheit.
Nun, können Sie das tun?

JIDDU KRISHNAMURTI

In spirituellen Traditionen wie dem Buddhismus ist das Leben aus dem reinen Gewahrsein heraus möglich. Buddha vermittelte seinen Schülern, dass es für jeden Menschen möglich ist, ein glückliches Leben zu führen. Der Weg führt über die Erkenntnis unserer unbewussten, individuellen und kollektiven Dimensionen, die Erforschung der eigenen Energiefelder und über das Bewusstsein, dass wir über unsere biografischen Erfahrungen und kollektiven Muster hinaus eine Essenz besitzen, die rein, klar und unsterblich ist. Im Buddhismus dient diese Bewusstwerdung jedoch niemals nur dem Selbstzweck. Das Erwachen in ein klareres Bewusstsein zeigt uns die Dynamik unseres Geistes und wir können uns aus destruktiven Mustern befreien, um Frieden und Glück für alle Wesen zu fördern. Dieses Erwachen ist nur möglich, wenn wir uns nicht länger in den Geschichten verlieren, die aus unseren Gedanken und Gefühlen entstehen. Wir können stattdessen die Sicht des neutralen Beobachters einnehmen, der sich nicht mehr in die Inhalte seiner Erfahrungen verstrickt.

Dieses Paradox können wir nicht über den Verstand lösen und den inneren weiten und klaren Raum des reinen Gewahrseins nicht über unseren Intellekt erfassen. Wir können noch so viele Bücher darüber lesen, aber dieses reine Gewahrsein können wir nur unmittelbar erfahren. Jack Kornfield spricht in seinem Buch *Das weise Herz* aus der buddhistischen Sicht von zwei grundlegenden Aspekten des Bewusstseins: dem »klaren/absoluten« Bewusstsein, das offen, transparent, rein, zeitlos, unbegrenzt, offen und unsterblich ist (das reine Gewahrsein), und dem »unklaren/episodischen« Bewusstsein (dem Alltagsbewusstsein), das von der aktuellen Erfahrung gefärbt, flüchtig und bedingt ist. Tragischerweise halten wir die Summe der Erfahrungen, die wir auf der Ebene des Alltagsbewusstseins machen, für unser wahres Ich. In der buddhistischen Psychologie ordnet man dem Alltagsbewusstsein 121 Zustände zu, die unterschiedliche emotionale Schattierungen haben. Die Buddhisten möchten das reine Gewahrsein oder Bewusstsein als etwas erfahrbar machen, das unabhängig vom linearen Raum-Zeit-Erleben, von Objekten oder Inhalten existiert und funktioniert. Das reine Bewusstsein ist das, was die Erfahrung produziert, ohne an Körperempfindungen, Gefühle und Gedanken gebunden zu sein. Es ist das, was weiß.

Übung: Die Perspektive wechseln

Nehmen Sie sich für diese Meditation eine halbe Stunde Zeit. Sie können einen Wecker stellen.

Nachdem Sie sich im Körper niedergelassen und sich entspannt haben, richten Sie Ihre Aufmerksamkeit zuerst auf Ihren Atem.

Gehen Sie dann in einem weiteren Schritt weg von den Inhalten Ihres Bewusstseins, all Ihren Gedanken, Gefühlen und Körperempfindungen hin zum reinen Gewahrsein, als würden Sie in einem Kino sitzen und nicht mehr auf die Geschichte schauen, die sich auf der Leinwand abspielt, sondern sich umdrehen und Ihren Blick auf den Filmprojektor richten. Genauso wechseln auch Sie die Perspektive: weg von den Inhalten des Bewusstseins hin zum reinen Gewahrsein. Hat es eine bestimmte Farbe? Eine Form?

Versuchen Sie, sich absichtslos in diesen offenen, transparenten Raum Ihres reinen Gewahrseins hinein zu entspannen. Lassen Sie einfach los. Entspannen Sie in Ihren Atem hinein.

Wenn Sie sich dem vollkommen hingeben, können Sie den klaren offenen Raum des Gewahrseins erfahren. Öffnen Sie sich für diese Erfahrung, ohne sie mit dem Verstand erfassen zu wollen. Öffnen Sie sich einfach für das in Ihnen, was transparent und klar ist. Es ist gleichzeitig auch leer wie der Raum.

Allerdings besitzt es im Gegensatz zum Raum die Fähigkeit, wahrzunehmen und Erfahrungen zu machen. Sollten Sie sich mit der Vorstellung eines klaren und offenen Raumes schwertun, dann stellen Sie sich das reine Gewahrsein als einen Horizont vor. Ähnlich wie am Himmel dunkle Wolken entstehen, sich Unwetter zusammenbrauen, Winde kommen und gehen, so bleibt der Horizont jedoch unberührt von all den Erscheinungen, die sich am Himmel zeigen. Er ist und bleibt offen und unbegrenzt, weil er unberührt bleibt von allen Erscheinungen.

Im Buddhismus spricht man gerne von einem Spiegel: Ein Spiegel bleibt klar und rein, strahlend und hell, egal, was sich darin spiegelt, ob hell oder dunkel, ob düster oder schön.

Vielleicht gefällt Ihnen das Bild des Spiegels. Wenn Sie damit etwas anfangen können, dann entspannen Sie sich in dieses Bild hinein.

Klarheit erleben

Lichthaft ist das Bewusstsein,
voll Klarheit und Strahlen seine Natur,
doch es wird verdunkelt von den Anhaftungen,
die darin entstehen.

ANGUTTARA NIKAYA

Ein wichtiger Schritt in Richtung Erwachen ist eine regelmäßige Meditationspraxis, in der Sie die eigenen Körperempfindungen, Gedanken und Gefühle im Moment des Entstehens und Vergehens wahrnehmen und ihre wahren Eigenschaften, Vergänglichkeit und Flüchtigkeit, erkennen. Genauso wichtig ist es aber auch, die Praxis der Achtsamkeit und des Mitgefühls regelmäßig zu praktizieren. Auch wenn man eine Erfahrung des reinen Gewahrseins nicht willentlich herbeiführen kann, so schaffen Sie eine gute Voraussetzung, wenn Sie regelmäßig praktizieren. Im weiten Raum des reinen Gewahrseins wird klar, dass wir all das nicht sind, wofür wir uns normalerweise halten. Durch die Erfahrung des reinen Gewahrseins werden Sie frei und lernen, dass Sie viel mehr sind als die verschiedenen Rollen, die Sie tagtäglich in Ihrem Leben einnehmen. Sie sind reines Gewahrsein, verbunden mit allen und gleichzeitig frei von allem. Um dies zu erfahren, müssen wir unseren Geist mithilfe unseres Geistes kennenlernen, ohne uns mit ihm zu identifizieren.

Übung: Was denkt?

Halten Sie beim Lesen dieser Seite einen Moment inne und fragen Sie sich: Was ist es, was über dieses Buch nachdenkt und mich dazu anregt, die Übungen zu machen? Was ist es, was wahrnimmt, dass ich diese Übungen mache? Und wenn Sie eine Antwort finden, fragen Sie sich: Was ist es noch, was diese Erfahrung macht?

Wenn Sie das nächste Mal eine Tasse Tee trinken, dann fragen Sie sich: Was ist es, was denkt, dass dieser Tee gut ist – oder nicht gut ist? Was ist es, was den Trinkvorgang erkennt? Und wenn Sie eine Antwort finden, fragen Sie sich: Was in mir macht diese Erfahrung? Und was noch?

Möglicherweise werden Sie irritiert und verwirrt sein oder sich überfordert fühlen. Seien sie einfach neugierig und setzen Sie sich nicht unter Leistungsdruck. Alles, was Sie brauchen, ist die Bereitschaft zur Erfahrung des reinen Gewahrseins, so Swami Vivekananda: »Inmitten dieses Chaos gibt es Harmonie, durch all diese dissonanten Töne zieht sich eine Note des Einklangs; und wer bereit ist, zu hören, der wird den Ton vernehmen.«

In der buddhistischen Tradition spricht man vom reinen Bewusstsein auch vom inneren, edlen Kern. Verglichen wird er auch gerne mit einem Juwel oder als unermessliche innere Schönheit beschrieben. Diesen edlen Kern besitzt *jeder* Mensch. Ganz unabhängig davon, wie schön, reich, ungepflegt, asozial, religiös, arrogant, freundlich, aggressiv oder roh er ist. Dieser edle Kern ist unsere wahre Natur.

Übung: Den edlen Kern berühren

Kommen Sie in eine aufrechte Sitzhaltung und schließen Sie die Augen. Stellen Sie sich vor, dass Sie einen edlen Kern, ein Juwel in Ihrem Herzen tragen. Sie können sich auch vorstellen, dass Sie ein goldener Buddha sind und dass all Ihre Identifikationen nur eine schützende Tonschicht sind. Versuchen Sie, sich mit diesem Bild anzufreunden und sich immer wieder bewusst zu machen, dass dies Ihre wahre Wesensnatur ist. Sie können sich auch vorstellen, dass Sie ein Buddha inkognito sind. Sie sind Buddha. Sie sind erleuchtet. Stellen Sie sich dies in Ihrer Meditation vor und nehmen Sie eine Sitzhaltung ein, so wie ein Buddha in der Meditation sitzen würde. Beenden Sie die Meditation auch so, wie ein Buddha sie beenden würde. Gehen Sie nach der Meditation so, wie ein Buddha gehen würde.

Gehen wie ein Buddha

Ich mache die Übung »Den edlen Kern berühren« sehr gerne in meinen Kursen. Oft lasse ich die Teilnehmer dann auch im Raum umhergehen und fordere sie auf, so zu gehen wie ein Buddha. Eine junge Teilnehmerin, Bärbel, war so berührt von dieser Übung, dass sie am nächsten Tag zu einer Prüfung an die Uni ging und sich dabei vorstellte, sie sei ein Buddha. Sie ging sehr entspannt in den Prüfungsraum und bestand die Prüfung mit der Note 1,4. Ihr Prüfer war erstaunt und meinte nur: »So ruhig wie heute habe ich Sie noch nie erlebt.« – »Tja«, lachte sie, »ich bin halt ein Buddha.« Der Prüfer schaute sie verdutzt an und sie verließ mit stolzem Haupt den Raum. Eine Woche später schaute sie sich ein Zimmer in einer WG an, und auch da ging sie zum Vorstellungsgespräch in der Haltung eines Buddha – und bekam das WG-Zimmer.

AUSBLICK: ERLEUCHTUNG UND ALLTAG

Die Kunst besteht nicht darin,
über dem Wasser zu wandeln,
sondern auf der Erde zu gehen.

THICH NHAT HANH

ALLES IST, WIE ES IST

Zu erkennen, dass von der Einheitsebene aus gesehen alles, was geschieht, in diesem kosmischen Spiel seine Berechtigung und seinen Platz hat, ist die umfassendste und schwierigste Lektion. Wir möchten das Leben kontrollieren und ein von uns angestrebtes Ziel erreichen. Aber das Leben ist, wie es ist. Es ist so komplex, dass wir es in seiner Fülle nicht überblicken können. Zu realisieren, dass alles im Leben seinen Platz hat – egal ob ein Mahatma Gandhi oder ein Adolf Hitler, eine Friedensdemonstration oder ein Selbstmordattentat – und dass es von der Einheitsebene aus kein Gut oder Böse, keine Täter und keine Opfer gibt, hat mich zutiefst erschüttert. Alles ist, wie es ist. Alles hat seinen Platz in diesem reinen Gewahrsein. Einen Weisen zu bewundern und zu lieben ist leichter, als unser Herz für die Menschen zu öffnen, die noch nicht so weise sind und mit ihren Schattenseiten zu kämpfen haben, oder für die Menschen offen zu bleiben, die unsere eigenen Schattenseiten spiegeln. Natürlich ist es im Zweifelsfall auch leichter, alle anderen Menschen auf dieser Welt zu lieben. Mit uns selbst tun wir uns schwerer.

Der große Weisheitslehrer Thich Nhat Hanh sagte, wir würden unseren spirituellen Pfad leichter beschreiten, wenn wir unsere Schattenseiten zu uns nähmen, sie liebevoll umarmten und annähmen, statt zu versuchen, sie wegzumeditieren oder zu ignorieren. Sonst spalten wir uns von ihnen ab und verdrängen sie. Früher oder später werden wir erkennen, dass es die Schattenseiten sind, an denen wir reifen, und dass die Begegnung mit ihnen dafür sorgt, dass wir erwachen. Erst wenn wir uns mit diesen Seiten auseinandersetzen, sie annehmen und in unser Leben integrieren, findet ein umfassender Prozess des Erwachens statt. Wenn wir dies tun, entwickeln wir Demut uns selbst und allen anderen Menschen gegenüber, die sich auf den Weg machen und ihn ganz gehen – ohne einen spirituellen Bypass zu benutzen, bei dem nur die hellen, lichten und heiligen Seiten sein dürfen. In dem Moment, in dem wir uns vor all unseren Licht- und Schattenseiten – aber auch vor denen des Lebens selbst – verbeugen, werden sie zu Laternen auf unserem Weg zur Erleuchtung und wir werden immer wacher. Yongey Mingyur Rinpoche sagt dazu: »Wir müssen uns erst hinsetzen, den Geist erforschen und unsere Erfahrungen untersuchen, um zu sehen, was hier wirklich vor sich geht.« Der persische Dichter Rumi drückte es in seiner unvergleichlichen Poesie so aus: »Der Mensch gleicht einem Gästehaus. Jeden Tag neue Gesichter. Augenblicke der Freude, der Niedergeschlagenheit, der Niedertracht, alles unerwartete Besucher. Heiße sie willkommen, selbst den puren Ärger, der die Einrichtung deines Hauses kurz und klein schlägt. Vielleicht räumt er dich leer für eine neue Freude. Behandle jeden Gast respektvoll. Den finsteren Gedanken, die Scham, die Bosheit, begrüße sie mit einem Lachen an der Tür und bitte sie hinein. Danke jedem für sein Kommen, denn sie alle haben dir etwas Wichtiges mitzuteilen.«

Manche Menschen kommen während der täglichen Meditationspraxis zum ersten Mal mit starken oder schmerzvollen Gefühlen in Kontakt. Möglicherweise realisieren sie, wie viel Ärger sie in sich tragen, wie neidisch oder eifersüchtig sie sind oder wie einsam sie sich fühlen. Wieder andere werden während der tagelangen Meditation mit ihrer Sexualität konfrontiert, andere begegnen ihrer Gier oder Verschlossenheit. Alle diese vermeintlich dunklen Seiten werden sich nicht auflösen, wenn wir Momente des Erwachens erleben oder mit unserem reinen Gewahrsein in Kontakt kommen. Wenn wir aufhören, sie zu unterdrücken oder zu umgehen, können sie eine große Unterstützung auf unserem spirituellen Weg sein.

Wir müssen nicht alle unsere Schattenseiten transformieren oder loswerden – und auch die des Lebens nicht ignorieren –, sondern es geht vielmehr darum, sie zu bemerken, zu benennen und sich nicht länger von ihnen beherrschen oder überfluten zu lassen. Oft handelt es sich einfach um Gefühle, die entdeckt und gewürdigt werden wollen. Gefühle des Hasses, der Wut und der Traurigkeit, die durch Verletzungen, Enttäuschungen und Verluste entstanden sind, Abneigungen und Widerstände. Gefühle, die auf der Ebene des Alltagsbewusstseins angesiedelt sind und uns wie eine Mauer den Blick auf die Einheitsebene verwehren. Nehmen wir unsere Gefühle zu uns, öffnet sich die Türe zu unserem Herzen und wir werden ein tiefes Verständnis für uns selbst und andere Menschen erzielen.

Diese Begegnung ist unumgänglich und ein wesentlicher Teil des Erwachens oder Individuationsprozesses, wie der Psychoanalytiker C. G. Jung den spirituellen Weg nennt. Erst wenn wir uns den Gefühlen stellen, wie sich der Held im Märchen den Gefahren stellt, können wir zu unserem Herzen vordringen. Hierfür bedarf es sehr viel Mut und Selbstmitgefühl. Den Mut brauchen wir deshalb, weil die Erfahrungen, die wir in solchen Momenten machen, schmerzhaft sein können. Manchmal überkommt uns in einer Meditation vielleicht Trauer über bestimmte Ereignisse in unserem Leben, die wir jahrelang durch Tun überdeckt haben. Mal ist es der Tod eines Elternteils, mal Missbrauch oder ein schwerer Verlust. Es kann aber auch passieren, dass wir einen anderen Menschen und seine Nöte unmittelbar erfahren und seine Verhaltensweisen schlagartig verstehen. Dieses Verständnis kann einen Tränenbach in uns auslösen oder sogar das Gefühl, vor lauter schmerzhafter Emotionen zu sterben. Auch hier gilt es, die Emotionen so lange da sein zu lassen, bis sie vergehen, und nicht abzuschneiden. Eine Frau erzählte mir, dass sie während eines Retreats bei Thich Nhat Hanh ganze zwei Wochen geweint habe, so groß war der Schmerz, den sie über ihre Mutter, die Selbstmord begangen hatte, in sich trug. Der Sufi-Dichter Mirza Ghalib bittet die Gewitterwolken poetisch, »sich so lange auszuweinen«, bis der Himmel wieder weit und klar ist. Die Kraft der Liebe und des Mitgefühls wird uns in solchen Momenten halten und uns durch tiefe Täler und die dunkle Nacht der Seele tragen.

Um uns mit Selbstmitgefühl, Achtsamkeit, Würde, Geduld und ohne Schuld und Scham für unsere Gefühle zu öffnen, braucht es mitunter mehr Zeit, als uns lieb ist. Das, was wir jahrelang unterdrückt haben, können wir nicht von heute auf morgen ändern oder akzeptieren. Manche inneren Verletzungen und Wunden können wir Stück für Stück zulassen und aufarbeiten. Erzwingen sollen und können wir nichts – dies zu realisieren ist ebenfalls Teil des Erwachens.

Was für unsere Gefühle gilt, gilt auch für unseren Körper. Gerade im Yoga begegnen mir immer wieder Menschen, die unverarbeitete Zwänge oder Süchte unter dem Deckmäntelchen der spirituellen Askese pflegen. Sie leben äußerst reduziert und kasteien ihren Körper auf ungesunde Weise. Sie gönnen sich weder ein Stück Kuchen noch einen Schluck Alkohol, aus Angst, dass die Erleuchtung dann unerreichbar würde. Wenn wir unsere körperlichen Bedürfnisse übergehen, wird sich der Körper irgendwann melden und Gehör verschaffen, durch Verspannung der Muskulatur, Erkrankungen oder sogar Unfälle. Manche spirituellen Traditionen beziehen den Körper deshalb auf wundervolle Weise mit ein, sodass man seinen Körper auf seinem Weg zur Erleuchtung nicht als lästiges Vehikel, sondern als edles Gefährt wahrnimmt.

ERLEUCHTUNGSERFAHRUNGEN INS LEBEN INTEGRIEREN

Ein Erleuchtungsfunke kann uns inspirieren und uns im Moment der Erfahrung so erfüllen, dass wir glauben, all unsere Schattenseiten hätten sich in Licht aufgelöst, alle Probleme, die wir vor der Erfahrung gehabt haben, seien verschwunden. Vorschnell wähnen wir uns an dem inneren Ort, an dem die großen spirituellen Lehrer des Ostens und die beeindruckenden Mystiker des Westens sich befinden. Tatsächlich ist das Erwachen niemals abgeschlossen, der Weg zur Erleuchtung ist endlos. Mag die Erfahrung auch noch so groß gewesen sein und unseren Weg in goldenes Licht gehüllt haben, der Weg geht weiter und damit die Arbeit. Nach der Ekstase, der direkten Erfahrung, warten der Haushalt, die Rechnungen, die gezahlt werden müssen, und die alltäglichen Pflichten, die erfüllt werden müssen.

Einige Geschichten über die Erleuchtung bewirken, dass wir der Illusion erliegen, mit einer Erleuchtungserfahrung ändere sich das ganze Leben. Sie enden damit, dass der Zen-Meister angekommen ist und von nun an im Licht lebt – so wie viele Hollywoodfilme, in denen sich das Traumpaar beim Happy End in den Armen liegt. Dass die beiden, und auch der Zen-Meister, irgendwann den Alltag erleben werden, wird nicht immer erzählt. Ein kurzer Vers hingegen bringt es auf den Punkt, was zu tun ist: »Vor der Erleuchtung Wäsche waschen. Nach der Erleuchtung Wäsche waschen.« Fixieren wir uns auf das Ankommen, einen statischen Zustand der Glückseligkeit oder einen Zustand, in dem es keine negativen Gefühle mehr gibt, dann stehlen wir uns aus dem alltäglichen Leben und fliehen in Pseudospiritualität. So landen wir auf unserem Weg zur Erleuchtung früher oder später in einer Sackgasse: Alle spirituellen Erfahrungen wollen in den Alltag integriert werden, genauso wie jede irdische Erfahrung in das spirituelle Leben miteinbezogen werden muss. Nur wenn wir alle Bereiche unseres Lebens, wie Beziehungen, Arbeit oder den Körper, mit auf unseren spirituellen Weg nehmen, erwachen wir mehr und mehr ins reine Gewahrsein und leben in Verbundenheit mit allem weiter.

Buddhistische Lehrer sprechen davon, dass vier grundsätzliche Bereiche besondere Achtsamkeit brauchen: der Körper, die Gefühle, das Denken und die innere Haltung. Sind wir in der Lage, mit ihnen umzugehen und ihnen den richtigen Platz zuzuweisen, gilt es, die Aufmerksamkeit auf die Familie, die Gemeinde, den Lebensunterhalt und die ganze Welt auszudehnen. Ein paar Erleuchtungsfunken machen nämlich noch lange keinen Erwachten. Denn selbst wenn man sich in außergewöhnlichen Bewusstseinszuständen zu Hause fühlt, heißt das noch lange nicht, dass man ein guter Ehemann oder ein fairer Arbeitskollege ist. Mancher Mensch, der sich für Gott aufopfert, übersieht seine Familie und Freunde. Swami Vivekananda sagt dazu: »Gibt es irgendeine Bewegung in einer geraden Linie? Eine ins Unendliche projizierte Linie wird zu einem Kreis, sie kehrt zu ihrem Anfangspunkt zurück. Sie müssen am Ende dorthin kommen, wo Sie angefangen haben. Und da Sie in Gott angefangen haben, müssen Sie zu Gott zurückkehren. Was bleibt? Arbeit am Detail. Sie müssen in Ewigkeit am Detail arbeiten.«

Ich glaube, dass es im dritten Jahrtausend mehr und mehr darum geht, gelebte Spiritualität zu praktizieren und sie in jeden Lebensbereich zu integrieren: in Beziehungen, in die Wirtschaft und in die Politik. Solange wir Spiritualität und Alltag voneinander trennen, werden wir keine Erleuchtung erlangen. Denn wahre Spiritualität und wahre Erleuchtung finden nur im Alltag, im Hier und Jetzt, statt. Das Leben – und die Erleuchtung – werden uns zwingen, genau hinzusehen, uns für den Alltag zu öffnen und diesen er-leuchten zu lassen. Erkennen wir die Dinge, wie sie sind, und akzeptieren wir, dass es ein ganz normales Leben nach dem Erleuchtungsfunken gibt, werden wir zu mitfühlenden Menschen. Dann können wir den Weg des Erwachens ohne Druck und ohne Erwartungen gehen und uns über ihn freuen, ihn sogar mit viel Humor und Freude gehen. Wir lernen, liebevoll über uns selbst zu lachen, und werden uns eine humorvolle und strahlende Laterne auf dem Weg zur Erleuchtung sein! Und da es der Erleuchtung letztendlich egal ist, ob wir sie lachend oder weinend, arm oder reich erlangen, sollten wir sie doch zumindest mit so viel Lachen und Freude erlangen wie möglich und werden dabei im Jetzt ankommen.

Den Geist des Anfängers bewahren

Erleuchtungserfahrungen können uns das Gefühl geben, dass wir alles wissen, weiser sind als die anderen Menschen, die sich mit Spiritualität beschäftigen. Aber wer sich vom Glanz der Erfahrungen nicht blenden lässt, wird mit der Zeit demütiger und erkennen, dass er nichts weiß. Je länger wir auf dem Weg sind, desto mehr werden wir uns unseren Schatten zuwenden, all den Gefühlen und Aspekten unseres Lebens, mit denen wir noch Schwierigkeiten haben. Wir erkennen, dass wir von dem Ozean des tiefen Wissens gerade mal eine solch kleine Erfahrung gemacht haben, als wenn wir unseren kleinen Zeh am Ufer in das Wasser getunkt hätten. Wir werden demütiger, leiser und nehmen den Geist des Anfängers ein und werden erkennen, dass wir nie aufhören werden zu entdecken.

Wir werden nicht aufhören zu entdecken.
Und am Ende all unseres Entdeckens
werden wir dort anlangen,
wo wir ausgezogen sind,
und werden zum ersten Mal
den Ort erkennen.

T. S. ELIOT

ANHANG

Literatur

Baron-Reid, Colette: Das Orakel der Krafttiere. Knaur MenSsana Verlag, München, 2019

Bottini, Oliver: Das große O. W. Barth-Buch des Zen. O.W. Barth Verlag, München, 2002

Bourne, Lyle E. und Ekstrand, Bruce R.: Einführung in die Psychologie. Verlag Dietmar Klotz, Eschborn bei Frankfurt am Main, 1997

Brach, Tara: Nach Hause kommen zu sich selbst. Koha Verlag, Dorfen, 2014

Campbell, Joseph.: Lebendiger Mythos. Goldmann Verlag, München, 1988

Goleman, Daniel: Emotionale Intelligenz. dtv, München, 1997

Goodman, Felicitas D.: Wo die Geister auf den Winden reiten. Trancereisen und ekstatische Erlebnisse. Herman Bauer Verlag, Freiburg, 3. Auflage 1995

Gottwald, Franz-Theo, Rätsch, Christian (Hg): Schamanische Wissenschaften. Ökologie, Naturwissenschaft und Kunst. Diederichs Verlag, München, 1998

Griffith, Ennea Tess: Geschichten zur Erleuchtung. Der spirituelle Weg in Geschichten. Farren Bel Verlag, Saarbrücken, 2000

Greenblatt, Matthew (Hg): Weisheiten von Nisargadatta Maharaj. Eine visuelle Reise. Kamphausen Verlag, Bielefeld, 2004

Grof, Stanislav: Das Abenteuer der Selbstentdeckung. Kösel Verlag, München, 1987

Grof, Stanislav: Wir wissen mehr als unser Gehirn. Herder Verlag, Freiburg, 2003

Grof, Stanislav: Kosmos und Psyche. Krüger Verlag, Frankfurt am Main, 1997

Grof, Stanislav und Christine: Spirituelle Krisen. Kösel Verlag, München, 1990

Grof, Stanislav und Bennett, Halzina: Die Welt der Psyche. Neue Erkenntnisse aus Psychologie und Bewusstseinsforschung. Kösel Verlag, München, 1992

Gruber, Hans: Kursbuch Vipassanā. Spirit Fischer, Frankfurt am Main, 1999

Heinzel, Sebastian: Der Krieg in mir. Kamphausen Verlag, Bielefeld, 2020

Thich Nhat Hanh: Das Glück, einen Baum zu umarmen. Goldmann, München, 1997

Thich Nhat Hanh: Zeiten der Achtsamkeit. Herder Spektrum, Freiburg, 2007

Thich Nhat Hanh: Worte der Achtsamkeit. Herder Verlag, Freiburg, 1997

Thich Nhat Hanh: Das Herz von Buddhas Lehre. Herder Spektrum, Freiburg, 1999

Harvey, Andrew: Der direkte Weg zur Erleuchtung. Spirituelles Wachstum ohne Gurus und Kirchen. Ansata Verlag, München, 2000

Hellinger, Bert: Anerkennen, was ist. Gespräche über Verstrickung und Lösung. Kösel Verlag, München, 1996

Hellinger, Bert: Entlassen werden wir vollendet. Kösel Verlag, München, 2001

Hellinger, Bert: Mit der Seele gehen. Kösel Verlag, München, 2001

Hellinger, Bert: Gedanken unterwegs. Kösel Verlag, München, 2003

Hesse, Hermann: Siddhartha. Die Romane und die großen Erzählungen. Vierter Band. Suhrkamp Verlag, Frankfurt, 1977

Hesse, Herman: Mit Hermann Hesse durch das Jahr. Suhrkamp Verlag, Frankfurt, 1997

Hetmann, Frederik: Siddhartas Weg. Herder Spektrum, Freiburg, 1997

Hultkrantz, Äke: Schamanische Heilkunst. Diederichs Gelbe Reihe 112, 1996

Iding, Doris: Achtsam in drei Atemzügen. Irisiana, München, 2018

Iding, Doris: Der kleine Achtsamkeitscoach. Gräfe und Unzer, München, 2015

Iding, Doris: Die Kraft des Waldes. Delphin Verlag, Köln, 2019

Iding, Doris: Buddha fürs Büro. Irisiana, München, 2015

Iding, Doris: Achtsamkeit. Mein Übungsbuch. Gräfe und Unzer, München, 2015

Jäger, Willigis: Suche nach dem Sinn des Lebens. Bewusstseinswandel auf dem Weg nach innen. Vorträge – Ansprachen – Erfahrungsberichte. Verlag Via Nova, Petersberg, 2003

James, William: Die Vielfalt religiöser Erfahrungen. Insel Verlag, Frankfurt, 1997

Kaiser, Annette: Der Weg hat keinen Namen. Theseus Verlag, Berlin, 2003

Kalweit, Holger: Urheiler, Medizinleute und Schamanen. Kösel Verlag, München, 1987

Kalweit, Holger: Traumzeit und innerer Raum. Scherz Verlag, München, 1987

Kapleau, Philip: Die drei Pfeiler des Zen. O.W. Barth, München, 1994

Kapleau, Philip: Der vierte Pfeiler des Zen. O.W. Barth Verlag, München, 1997

Kelly, Loch: Reise ins Erwachen, Arbor Verlag, Freiburg, 2019

Kharitidi, Olga: Samarkand. Eine Reise in die Tiefen der Seele. List Verlag, München, 2003

Kharitidi, Olga: Das weiße Land der Seele. Ullstein Verlag, Berlin, 2012

Kopp, Sheldon: Anfang und Ende sind eins. Spirit Fischer, Frankfurt, 2. Auflage 1999

Kornfield, Jack: Frag den Buddha und geh den Weg des Herzens. Kösel Verlag, München, 1995

Kornfield, Jack: Das strahlende Herz der erwachten Liebe. Arbor Verlag, Freiburg, 1991

Kornfield, Jack: Das Tor des Erwachens. Wie Erleuchtung das tägliche Leben verändert. Kösel Verlag, München, 2000

Kornfield, Jack: Offen wie der Himmel, weit wie das Meer. Worte der Weisheit für Vergebung und Frieden. Kösel Verlag, München, 2004

Kornfield, Jack: Nach der Erleuchtung Wäsche waschen und Kartoffeln schälen. Goldmann Verlag, München, 2010

Kornfield, Jack: Buddhas kleines Weisungsbuch. O. W. Barth Verlag, München, 2015

Kraft, Hartmut: Über innere Grenzen. Diederichs Gelbe Reihe 117, München, 1995

Krishnamurti, J.: Das Notizbuch. Spirit Fischer, Frankfurt, 1996

Krishnamurti, J.: Du bist die Welt. Spirit Fischer, Frankfurt, 1999

Kuby, Clemens: Unterwegs in die nächste Dimension. Meine Reise zu Heilern und Schamanen. Kösel Verlag, München, 2003

Laotse und Richard Wilhelm: Tao Te King: Das Buch vom Sinn und Leben. Diederichs Gelbe Reihe, München, 2004

Lowenstein, Tom: Buddhismus. Knaur Verlag, München, 1998

Loy, David: Nondualität. Über die Natur der Wirklichkeit. Krüger Verlag, Frankfurt, 1988

Maharshi, Ramana: Gespräche des Weisen vom Berge Arunachala. Ansata Verlag, München, 1984

Mannschatz, Marie: Mit Buddha zu innerer Balance. Gräfe und Unzer Verlag, München, 2011

Marti, Lorenz: Wie schnürt ein Mystiker seine Schuhe? Die großen Fragen und der tägliche Kleinkram. Herder Verlag, Freiburg, 2004

Mello, de Anthony: Eine Minute Weisheit. Herder Verlag, Freiburg, 5. Auflage 2001

Mello, de Anthony: Eine Minute Unsinn. Herder Verlag, Freiburg 7. Auflage 2001

Mello, de Anthony: Wer bringt das Pferd zum Fliegen? Herder Verlag, Freiburg, 8. Auflage 2002

Merton, Thomas: Die Weisheit der Wüste. Spirit Fischer, Frankfurt, 1999

Merzel, Dennis Genpo: Durchbruch zum Herzen des Zen. Diederichs Gelbe Reihe 111, München, 1991

Meister Hakuin: Authentisches Zen. Spirit Fischer, Frankfurt, 1997

Meister Wumen Huikai: Die torlose Schranke des Zen. Spirit Fischer, Frankfurt, 1999

Michaels, Axel: Klassiker der Religionswissenschaft. C.H. Beck Verlag, München, 1997

Millman, Dan: Erleuchteter Alltag. Ansata Verlag, München, 1998

Moser, Franz und Narodoslawsky, Michael: Bewusstsein in Raum und Zeit – Grundlagen der holistischen Weltsicht. insel taschenbuch, Frankfurt, 1996

Muktananda: Der Weg und sein Ziel. Ein Handbuch für die spirituelle Reise. Knaur Verlag, München, 1987

Norbu, Namkhai: Dzogchen, der Weg des Lichts. Diederichs Gelbe Reihe 81, München, 1989

Osho: Jenseits der Grenzen des Verstandes. Das Märchen von der Psychologie. Osho International Foundation, Zürich, 1997

von der Osten, Henning: Über die Welt und über Gott. Clausen & Bosse GmbH, Leck, 1997

Pfleiderer, Beatrix; Greifeld, Katarina und Bichmann, Wolfgang: Ritual und Heilung. Dietrich Reimer Verlag, Berlin, 1995

Poonja, Sri H. W. L.: Der Gesang des Seins. Sphinx Verlag, München, 1997

Ram Dass: Schrot für die Mühle, Knaur Verlag, München, 1997

Ram Dass: Reise des Erwachens. Handbuch zur Meditation. Knaur Verlag, München, 1985

Reichel-Dolmatoff, Gerardo: Das schamanische Universum. Diederichs Gelbe Reihe 131, München, 1996

Russel, Peter: Die erwachende Erde. Unser nächster Evolutionssprung. Heyne Verlag, München, 1984

Russel, Peter: Quarks, Quanten und Satori. Wissenschaft & Mystik: Zwei Erkenntniswege treffen sich. Kamphausen Verlag, Bielefeld, 2002

Russel, Peter: Der direkte Weg. Transzendentale Meditation nach Maharishi Mahesh Yogi. Kamphausen Verlag, Bielefeld, 2003

Scharfetter, Christian: Der spirituelle Weg und seine Gefahren. Enke Verlag, Stuttgart, 1997

Smothermon, Ron: Drehbuch für Meisterschaft im Leben. context Verlag, Bielefeld, 1996

Sri Chinmoy: Veden, Upanishaden, Bhagavadgita. Diederichs Gelbe Reihe 107, München, 1994

Suzuki, Daisetz T.: Das Innerste erfahren – Wesen und Sinn des Buddhismus. Herder Verlag, Freiburg, 1993

Suzuki, Daisetz T.: Shunyata. Die Fülle in der Leere. Essays über den Geist des Zen in Kunst, Kultur und Religion des Fernen Osten. O.W. Barth Verlag, München, 1991

Tagore, Rabindranath: Sadhana: Der Weg zur Vollendung. Kurt Wolff Verlag, 1921

Tart, Charles T.: Das Übersinnliche. Klett-Cotta, Stuttgart, 1986

Tart, Charles: Hellwach und bewusst leben. Arbor Verlag, Freiburg, 1995

Tart, Charles T.: Transpersonale Psychologie. Walter Verlag, Freiburg, 1978

Tenzin Wangyal: Der kurze Weg zur Erleuchtung. Dzogchen-Meditation nach den Bön-Lehren Tibets. Spirit Fischer, Frankfurt, 1997

Tenzin Wangyal Rinpoche: Die Quelle der Heilung. Wie die alte tibetische Praxis der Seelenrückholung Ihr Leben transformieren und heilen kann. Goldmann Verlag, München, 2017

Till, Marietta: Die Heilkraft des Atems. 50 Atemübungen für Körper, Geist und Seele. Goldmann Verlag, München, 1994

Tolle, Eckhart: Jetzt! Die Kraft der Gegenwart. Ein Leitfaden zum spirituellen Erwachen. Kamphausen Verlag, Bielefeld, 2000

Troll, Pyar: Reise ins Nichts. Geschichte eines Erwachens. Kamphausen Verlag, Bielefeld, 1999

Troll, Pyar: Poesie der Stille. Tanz des Lebens. Anleitungen zum Da-Sein. Kamphausen Verlag, Bielefeld, 2002

Varela, Francisco J.: Traum, Schlaf und Tod. Grenzbereiche des Bewusstseins. Der Dalai Lama im Gespräch mit westlichen Wissenschaftlern. Diederichs Verlag, München, 1997

Villoldo, Alberto; Baron-Reid, Colette und Lobos, Marcela: Das schamanische Seelen-Orakel. Ansata Verlag, München, 2019

Wetzel, Sylvia: Leichter leben. Praktische Meditationen zum Umgang mit Gefühlen. Theseus Verlag, Berlin, 2002

Wilber, Ken: Wege zum Selbst. Goldmann Verlag, München, 1991

Wilber, Ken: Das Spektrum des Bewusstseins. Eine Synthese östlicher und westlicher Psychologie. Rowohlt Verlag, Reinbek, 1994

Wilber, Ken: Eros, Kosmos, Logos. Eine Vision an der Schwelle zum nächsten Jahrtausend. Krüger Verlag, Frankfurt am Main, 1996

Wilber, Ken; Ecker, Bruce und Anthony, Dick: Meister, Gurus, Menschenfänger. Über die Integrität spiritueller Wege. Spirit Fischer, Frankfurt, 1998

Wolinsky, Stephen: Die dunkle Seite des inneren Kindes. Der nächste Schritt in die Quantenpsychologie. Lüchow Verlag, Freiburg, 1994

Wolinsky, Stephen: Quanten-
bewusstsein. Das experimen-
telle Handbuch der Quantenpsychologie. Verlag, Freiburg,
1995

Wolinsky, Stephen: Die alltäg-
liche Trance. Heilungsansätze
in der Quantenpsychologie.
Lüchow Verlag, Freiburg, 1996

Yogananda, Paramahansa:
Autobiography of a Yogi, (Auto-
biographie eines Yogi). Self-
Realization Fellowship, Kalifor-
nien, 1974

Yongey Mingyur Rinpoche:
Buddha und die Wissenschaft
vom Glück. Goldmann Verlag,
München, 2007

Zenz, Alfred: Vater Eiche,
Mutter Linde. Bäume als
Seelenbegleiter, Kraftspen-
der und Verbündete. Scorpio
Verlag, München, 2019

**Zundel, Elisabeth und Fittkau,
Bernd (Hrsg.):** Spirituelle Wege
und Transpersonale Psycho-
therapie, Junfermann Verlag,
Paderborn, 1989

Widmung und Danksagung

Daniele, meiner Seelenschwester, gewidmet

Ich danke all meinen spirituellen Lehrern, die mir im Laufe meines Lebens geholfen haben, den Schleier vor meinem reinen Gewahrsein zu lüften.

Ein großes DANKESCHÖN auch an Inga Heckmann vom Irisiana Verlag, die mich bei der Umsetzung dieses Buches unterstützt hat, und an meine Lektorin Sibylle Duelli. Beide haben wertvolle Kürzungen und wichtige Gedanken mit eingebracht. Ohne sie wäre das Buch nicht so rund geworden.

Zur Autorin

Doris Iding ist Yoga- und Meditationslehrerin, sowie MBSR-Lehrerin und Autorin. Weltweit leitet sie Seminare, Fort- und Ausbildungen zum Thema Yoga, Meditation und Achtsamkeit. Nach dem Motto »Alles, was ist, darf sein!«, ist es ihr sowohl in ihren Kursen als auch in ihren Artikeln und Büchern ein großes Anliegen, den Menschen zu vermitteln, dass es bei Achtsamkeit und Meditation in erster Linie um Selbsterkenntnis geht, nicht aber um Selbstoptimierung. Begegnen wir uns also mit viel Selbstmitgefühl, Wohlwollen und Geduld, wird das Leben leichter und die Achtsamkeits- und Meditationspraxis erfüllender. 18 ihrer Bücher wurden in andere Sprachen übersetzt.

Impressum

© 2021 by Irisiana Verlag, einem Unternehmen der Penguin Random House Verlagsgruppe GmbH, Neumarkter Straße 28, 81673 München

Projektleitung: Inga Heckmann

Lektorat: Sibylle Duelli

Korrektorat: Susanne Schneider

Layout: Claudia Scheike, Martin Knipping, unter Verwendung von Motiven von © shutterstock (Figur: Marina Demidova, Blüte: Talirina)

Herstellung: Claudia Scheike

Umschlaggestaltung: Geviert – Büro für Kommunikationsdesign, München, unter Verwendung von Motiven von © shutterstock/woodpencil, Anne Mathiasz

Satz: Knipping Werbung GmbH, Berg am Starnberger See

Druck und Verarbeitung: DZS Grafik, d.o.o., Ljubljana Printed in Slovenia

Penguin Random House Verlagsgruppe FSC® N001967

ISBN 978-3-424-15404-7